Profile

Digital Cultures Series

Herausgegeben von Andreas Bernard, Armin Beverungen, Irina Kaldrack, Martina Leeker, Sascha Simons und Florian Sprenger

Eine Buchserie des *Digital Cultures Research Lab*

Profile:
Interdisziplinäre Beiträge

herausgegeben von

Martin Degeling, Julius Othmer, Andreas Weich
und Bianca Westermann

μ meson press

Bibliographische Information der Deutschen Nationalbibliothek
Die Deutsche Nationalbibliothek verzeichnet diese Veröffentlichung
in der Deutschen Nationalbibliographie; detaillierte bibliographische
Informationen sind im Internet unter http://dnb.d-nb.de abrufbar.

Veröffentlicht 2017 von meson press, Lüneburg
www.meson.press

Designkonzept: Torsten Köchlin, Silke Krieg
Umschlaggrafik: © Lily Wittenburg
Korrektorat: Andreas Kirchner

Die Printausgabe dieses Buchs wird gedruckt von Lightning Source,
Milton Keynes, Vereinigtes Königreich.

ISBN (Print):   978-3-95796-100-6
ISBN (PDF):   978-3-95796-101-3
ISBN (EPUB):   978-3-95796-102-0
DOI: 10.14619/021

Die digitale Ausgabe dieses Buchs kann unter
www.meson.press kostenlos heruntergeladen werden.

Inhalt

Einleitung 9
Thesen 15

[1] **Das Wissen des Profils: Über das Selbstdesign der digitalen Kultur** 27
Andreas Bernard

[2] **Sich profilieren und profiliert werden: Über zwei Seiten einer Medaille** 37
Andreas Weich

[3] **Der informationelle Mensch** 59
Martin Schmitt

[4] **Profile und algorithmische Identität: Zwischen Doppelgängertum und Post-Entfremdung** 81
Nikolaus Lehner

[5] **Profile als Labore des Privaten** 101
Fabian Pittroff

[6] **Googles Interessenprofiling** 115
Martin Degeling

[7] **Big Data, Hype und Kritik: Über argumentative Strategien und Strohmänner** 129
Bettina Berendt

AutorInnen 147
Dank 149

SUBJEKTIVIERUNG

BEGRIFF

DISKURS

ÄSTHETIK

(SELBST-)DARSTELLUNG

Einleitung

**Martin Degeling, Julius Othmer,
Andreas Weich und Bianca Westermann**

In gegenwärtigen Diskursen zu Daten und Netzwerken ist der
Profil-Begriff ebenso präsent wie schillernd. Er referenziert in
verschiedenen Kontexten je unterschiedliche Bedeutungen: Im
aktuell populären Kontext von Social Networking Sites bezeichnet
er beispielsweise sowohl die (Selbst-)Darstellungsformen in den
NutzerInnenaccounts als auch das Produkt der Auswertung personenbezogener Daten etwa zum Zweck der Personalisierung von
Werbung. Bezieht man weitere historische und aktuelle Aus-
prägungen und Bedeutungen des Profil-Begriffs ebenfalls mit ein,
offenbart sich die semantische Bandbreite: Profil als ästhetische
Darstellungskonvention im Sinne einer Seitenansicht, Profil als
Kurvenverlauf der Darstellung von Messergebnissen, Profil als
Prägeform in der Produktionstechnik, Profil als Beschreibung von
(potenziellen) StraftäterInnen, Profil als Selbstdarstellungsideal
in Marketing- und Bewerbungsdiskursen, Profil als Modellierung
von NutzerInnen in Empfehlungssystemen uvm. Deutlich
wird, dass die jeweils mit demselben Begriff beschriebenen
Phänomene zwar miteinander verknüpft sind, sich jedoch nicht
nur in ihrer medientechnischen Implementierung unterscheiden,

sondern auch mit unterschiedlichen Praktiken der Profilierung, anderen Ästhetiken (oder auch Anästhetiken), und anderen normativen Bewertungen verbunden sind. Gemeinsam ist den verschiedenen Bedeutungsvarianzen, dass Profile ein Mittel der mehr oder weniger standardisierten und gleichzeitig standardisierenden Präsentation sind, durch die spezifische, kontextbezogene Formen der Vergleichbarkeit hergestellt werden. Ausgehend von diesen heterogenen Bedeutungen und ihren strukturellen Schnittstellen ist es Ziel des vorliegenden Bandes, interdisziplinäre Perspektiven auf gegenwärtige Möglichkeiten der Auseinandersetzung mit Profilen auf begrifflicher und konzeptueller Ebene zu versammeln und in einen produktiven Austausch zu bringen.

Dabei lässt sich die derzeitige Konjunktur des Profilbegriffs einerseits vor dem Hintergrund einer gegenwärtig beobachtbaren Steigerung des (vorwiegend ökonomisch motivierten) Imperativs zur Selbstdarstellung kontextualisieren. Kein Profil zu haben, ist beispielsweise in Kontexten der Bewerbung, der Parteipolitik und des Marketings eine Art Schreckensszenario. Die Profillosigkeit wird zu einem Zustand, den es unbedingt zu vermeiden gilt (exemplarisch Püttjer und Schnierda 2006, insb. 13ff.). Profile machen die Profilierten in den entsprechenden Kontexten erst auf anschlussfähige – und das heißt zumeist: nützliche – Weise erkennbar und existent. Wer kein bzw. kein hinreichend distinguiertes Profil aufweisen kann, dem wird die Teilhabe in diesen Bereichen massiv erschwert.

Andererseits haben die gegenwärtig als dominierend erfahrenen Profilierungsbestrebungen eine Kehrseite: Diese offenbart sich beispielsweise in der unerwünschten Auswertung personenbezogener Daten. Die Vorstellung, dass Dritte unbemerkt Profile über die eigene Person erstellen, wird als Bedrohung der informationellen Selbstbestimmung erfahren bzw. interpretiert. Wenn in diesen Kontexten von Profilen die Rede ist, sind sie zumeist etwas, dessen Entstehung es zu verhindern gilt. Die Tatsache, dass beispielsweise über die

Geolokalisationsfunktionen von Smartphones Bewegungspro-
file erstellt werden, unbescholtene BürgerInnen über Profile ins
Visier von Geheimdiensten geraten oder Fluggästen auf Grundlage psychologischer Profile das Boarding verweigert wird, ist
Gegenstand vielfältiger, teils alarmistischer Problematisierungen
(exemplarisch Morgenroth 2014, insb. 21ff.).

Über Profile lässt sich somit zwar sehr unterschiedlich, aber doch
gleichermaßen in Diskursen der Psychologie, der Kriminalistik,
aber auch des Datenschutzes, der Arbeit an der eigenen Identität
und vielem mehr reden. Trotz oder vielleicht ausgerechnet vor
dem Hintergrund dieser Disparitäten verspricht der Begriff,
etwas auf den Punkt zu bringen, das die mediale Repräsentation
bzw. gar Konstitution ‚des Menschen' unter den Bedingungen
von Daten und Netzen über all diese Bereiche hinweg betrifft.
Insofern kann ‚das Profil' im Anschluss an Jürgen Link als
inter(spezial)diskursiv veranschlagt werden (1997, 50f.). Dabei
kann es einerseits im Sinne einer *operativen* Diskurskoppelung
(Nohr 2014, 68) als funktionales Konzept in unterschiedlichen Diskursen auftauchen – beispielsweise insofern ein Suchprofil innerhalb einer Dating-Website im Kern genauso funktioniert wie bei
einer kriminalistischen Fahndung. Andererseits – und wesentlich
häufiger – kann es im Sinne einer *semsynthetischen* Koppelung
(ebd.) auch nur semantisch integrativ zwischen den Diskursen
wirken – beispielsweise insofern das Profil als Begriff sowohl die
Darstellungsschemata im Front-End von Facebook als auch in den
Datenauswertungen im Back-End bezeichnet, obwohl die Funktionen und Strukturen in beiden Bereichen sehr unterschiedlich
sind. Beide Formen der Koppelung sind dabei als Idealtypen zu
verstehen, da sich reale Konstellationen – auch die genannten
Beispiele – immer in einem Kontinuum zwischen beiden Polen
verorten lassen.

Vor dem Hintergrund der Vieldeutigkeiten und der Interdiskursivität sind Profile als Untersuchungsgegenstände in
vielen Diskursen anschlussfähig: Der vorliegende Band vereint medienwissenschaftliche, soziologische, historische und

informationstechnische Ansätze. Gerade weil sich unter verschiedenen Prämissen über sie sprechen und schreiben lässt, offenbaren sich dabei der Begriff des Profils und die Konzepte, die er bezeichnet, als vielversprechende Ansatzpunkte für interdisziplinäre theoretische und analytische Zugänge zu gegenwärtig relevanten Phänomenen und Konstellationen.

Um der skizzierten Perspektivvielfalt als auch der Aktualität gleichermaßen gerecht zu werden, nutzt dieser Band sowohl Aufsätze als auch kurze Thesen, die in pointierter Form eine Überlegung ausformulieren und in wenigen Zeilen erläutern. Im Format des Aufsatzes werden in klassischer Weise Tiefenbohrungen vorgenommen, die spezifische Phänomene untersuchen.

Andreas Bernard geht in seinem Aufsatz der bemerkenswerten Verschiebung der Bedeutung und Bewertung des Profil-Begriffs nach. Anhand historischer Beispiele verdeutlicht der Medienwissenschaftler, dass der Profilbegriff von seiner Rolle als Auszeichnung von Abweichung in Psychiatrie und Kriminalistik zunächst zur angstbehafteten Bedrohung der Privatsphäre und schließlich zu einer erstrebenswerten Normalität wird. In einer Medienkultur, die maßgeblich auf Selbstdesign ausgerichtet ist, so seine These, haben die Subjekte die Machtbeziehungen aus den Konzepten der Disziplinar- und Kontrollgesellschaft weitestgehend verinnerlicht.

Anhand umfangreichen Materials geht der Medienwissenschaftler Andreas Weich in seinem Beitrag der Genealogie des Profil-Begriffs nach. Beginnend im 17. Jahrhundert kann Weich zeigen, wie ‚das Profil' vom Begriff zur Beschreibung ästhetischer Formen, insbesondere in der zweiten Hälfte des 20. Jahrhunderts, in immer mehr Diskursen übernommen und schließlich als Imperativ des ‚Sich-Profilierens' zur Alltagspraxis wird.

Der Historiker Martin Schmitt zeichnet in seinem Beitrag die historische Entwicklung des Kreditscorings bei westdeutschen Sparkassen nach und beschreibt den Wandel hin zu einer in die

Zukunft gerichteten Verhaltensbewertung. Dieses Beispiel des
frühen Einsatzes von Computern zum Profiling zeigt bereits
in den Anfängen die Motivation und Zielrichtung des informationalisierten Menschen.

Nikolaus Lehners Beitrag setzt an der eigentümlichen Verdopplung der NutzerInnen in der je eigenen Datenspur an. Seine Analyse des Phänomens des digitalen Doppelgängers kontextualisiert
der Soziologe in einer Historisierung dieser Semantik als
kritische Reflexionsfigur, die es ihm ermöglicht, eine prägnante
Verschiebung herauszuarbeiten: Kern des Motivs ist nun nicht
länger eine absolute Spaltung, die eine Nichtunterscheidbarkeit
von sozialer Rolle und Individuum problematisiert, sondern die
ambivalente Gleichzeitigkeit von Identität und digitaler Spur.

Fabian Pittroff skizziert in seinem Beitrag drei gegenwärtig
dominante Ebenen von Personalität – jene der Pflege, Erreichbarkeit und Komposition – und begründet seine Vermutung, dass
selbige tradierte Privatheitskonzepte irritieren. Vor diesem Hintergrund geht er davon aus, dass sich komplementär zu neuen
Konzepten von Personalität auch Privatheitskonzepte trans-
formieren müssen. Profile, so die These des Soziologen, können
in dieser Konstellation als Orte bzw. ‚Labore' dienen, um diese
neue Formen von Privatheit auszuhandeln.

Martin Degeling analysiert Profilingverfahren bei Google. Dabei
zeigt der Informatiker, wie Google den Besuch von Webseiten
in ein Interessenraster überführt und dieses dann für personalisierte Werbung nutzt. Ergebnis seiner Studie ist, dass der
Besuch von hundert Webseiten in einem konkreten Interessenprofil resultiert, dasselbe Surfverhalten aber selten zu den
gleichen Profilen führt.

Bettina Berendt setzt sich mit dem populärwissenschaftlichen
Diskurs zu Big Data auseinander. Sie argumentiert am Beispiel
von *Predictive Policing* – einer Polizeistrategie, die auf *Profiling*
beruht –, dass die Kritik sich häufig so wenden lässt, dass mehr
Big Data seine Schwächen aufwiegen könne. Dem widerspricht

14 die Informatikerin und richtet ihre Kritik stattdessen darauf, dass Big Data in der Strafverfolgung rechtsstaatliche Prinzipien aufweicht.

Als Ausweitung der vertiefenden Betrachtungen innerhalb der Aufsätze enthält dieser Band das Format der These, die eine Fortführung und Zuspitzung der Diskussion anregen möchte. Insgesamt zehn Thesen sind den Beiträgen vorangestellt und stellen in kompakter Form Gedankengänge vor, denen die Forschung dann in umfassenderen und tiefergehenden Untersuchungen analytisch nachgehen kann. Die kurzen und prägnanten Texte sind damit zum einen Bindeglieder zwischen den ausführlichen Darstellungen aktueller Forschungsergebnisse und möchten zum anderen darüber hinaus anschlussfähige Felder skizzieren und damit verbundene, weiterführende Fragen aufwerfen. Ziel der Thesen ist somit schlussendlich auch, den Gegenstandsbereich des Profils selbst zu konturieren und Perspektiven auszuloten. In diesem Sinne führt der vorliegende Band nicht nur verschiedene bestehende Perspektiven auf Profile aus unterschiedlichen Fachbereichen zusammen, sondern möchte eine Basis für weitere Zugänge und zukünftige Arbeiten bieten.

Literatur

Link, Jürgen. 1997. *Versuch über den Normalismus: Wie Normalität produziert wird.* 2., aktualisierte und erweiterte Auflage. Wiesbaden: Westdeutscher Verlag.

Morgenroth, Markus. 2014. *Sie kennen dich! Sie haben dich! Sie steuern dich! Die wahre Macht der Datensammler.* München: Droemer.

Nohr, Rolf F. 2014. *Nützliche Bilder. Bild, Diskurs, Evidenz.* Münster: LIT Verlag.

Püttjer, Christian und Uwe Schnierda. 2006. *Professionelle Bewerbungsberatung für Hochschulabsolventen: Tätigkeitsprofil – Anschreiben – Lebenslauf – Zeugnisse.* Frankfurt a.M.: Campus Verlag.

Thesen

These 1: Über eine Minimaldefinition wie ‚eine strukturierte Darstellung von Merkmalen' hinaus ist das Profil-Konzept nur in konkreten Kontexten näher zu bestimmen und gegen andere Konzepte abzugrenzen.

Vor dem Hintergrund der historischen und gegenwärtigen Verwendung des Profil-Begriffs (vgl. den Beitrag von Andreas Weich) ist es schwer, eine allgemeingültige Definition aufzustellen. Was zumindest viele der, als Profil bezeichneten, Medialisierungsformen eint, ist die strukturierte und explizite Darstellung von Merkmalen eines bestimmten Objekts/Subjekts. Was dabei als explizites Merkmal und was als hinreichende Strukturierung veranschlagt wird, ist jedoch nicht eindeutig definierbar. Ist z.B. ein geklickter Like-Button im Rahmen eines Facebook-Profils ein Merkmal? Ist das Arrangement der Profilseite bzw. des NutzerInnenaccounts eine hinreichende Struktur? Modelliert man die Likes als ein Mittel der Selbstprofilierung und als Merkmal seiner Person, sicher schon; modelliert man sie als Kriterium für personalisierte Werbeanzeigen, sicher auch; versteht man sie als bloßen Verweis innerhalb einer

Speicherstruktur, eher weniger. Was ein Profil ist, hängt also maßgeblich davon ab, ob es in einem konkreten Kontext (technisch
oder diskursiv) als solches interpretiert wird.

Andreas Weich

These 2: Profile können gleichzeitig die informationelle Selbstbestimmung schwächen und stärken.

Profile werden im Datenschutz aus zwei unterschiedlichen
Perspektiven betrachtet. Einerseits existiert das Narrativ der
Data Doubles als erste Referenz im Digitalen, die ein unkon-
trollierbares Eigenleben entwickelt. Informationelle Selbstbestimmung über das Profil lässt sich nur vermeintlich in den
jeweils zugestandenen Rastern ausleben, während gleichzeitig
Profile, ohne Kenntnis der Profilierten, genutzt, verknüpft und
angereichert werden. Die Beispiele Scoring (vgl. den Beitrag
von Martin Schmitt) und Online-Profiling (vgl. den Beitrag von
Martin Degeling) zeigen, wo die Selbstbestimmung aufhört. In
für alle Seiten undurchsichtigen Verfahren werden aus Profilen
Zukunftsprognosen, deren Effekt disziplinarische Züge trägt.
Kategorisierungen werden vorgenommen und so Möglichkeits-
räume eingeschränkt. Wenn Kredite verweigert werden, pas-
siert dies nicht nur auf Basis des einzelnen Profils, sondern der
kollektiven Profile aller – immer im vermeintlich besten Interesse des/der Einzelnen oder ihres Profils. Andererseits zeigt sich
gerade in Online Social Networks die subjektkonstruierende
Form des Sich-Profilierens, bei der die Selbstdarstellung und
Selbstvergewisserung im Vordergrund stehen. Im Privacy-
Diskurs, so die These im Beitrag von Andreas Weich, wird hieraus
das Privacy-Paradox konstruiert, das die Selbstdarstellung und
Fremdverdatung vor dem Hintergrund der Unüberschaubarkeit
des Profil-Begriffs als zwei widersprüchliche Konzepte statt zwei
Seiten derselben Medaille modelliert.

Martin Degeling

These 3: Profile sind Mittel der Selbstvergewisserung und
Selbstversicherung. Insofern sind sie zugleich eine Reaktion
auf wahrgenommene, existente oder imaginierte, Risiken.

InhaberInnen eines Profils verfügen über ein beobachtbares Selbstbild, eine Art Spiegelfläche bisherigen Verhaltens auf dessen Grundlage künftiges Verhalten prognostizierbar zu werden scheint: Über das Profil erhobene Daten, zugeschriebene Eigenschaften, Kennzahlen usw. sind einsehbar – für den Profilierten selbst und/oder für andere. Profile erfüllen darüber zwei zentrale Funktionen: Als Mittel gesellschaftlicher wie individueller Selbstvergewisserung dienen sie einem nach innen gerichteten Selbstverständigungsprozess; als Mittel der Selbstversicherung kommen sie in nach außen gerichteten Kommunikationsprozessen zum Tragen. Die intern verhandelte Selbstvergewisserung (Wer bin ich? Wer sind wir?) wird nach außen getragen zur Selbstversicherung (Der bin ich. Die sind wir.). Nach einer internen Selbstvergewisserung kann eine rückversicherte Übereinkunft extern kommuniziert werden. Umgekehrt leitet eine kommunizierte Übereinkunft erneut zur fragenden Selbstverständigung an. Profile bieten also die Möglichkeit, von einer Grundlage her (beobachtbares Selbstbild) zwei Handlungspraktiken wechselseitig zu bedienen, die stets positionierend und damit orientierend wirken.

Profile sind dabei gestaltbare Größen. Sei es durch eine Auswahl zugrunde gelegter und ausgewerteter Parameter, sei es durch in sozialen Netzwerken eingestellte Informationen, Fotos u.ä. Ein Profil ist weder per se gegeben noch ein Zufallsprodukt. Es ist Ergebnis von Zuschreibungsprozessen. Fremd- und Selbstbeschreibung verschränken sich hier vielfach. Die Auswertung von Daten (Messdaten zu körperlicher und mentaler Fitness, Kommunikationsdaten usw.) bzw. die Zusammenstellung von Versatzstücken personaler Identität zu einem Selbstbild (soziale Netzwerke) führen zu Beschreibungspraktiken, die den Eindruck von Berechenbarkeit/Einschätzbarkeit und damit in der Folge den Eindruck von Kalkulierbarkeit bzw. Vorhersehbarkeit entstehen lassen. Vor diesem Hintergrund versprechen Profile, Handlungssicherheit zu erhöhen: Empfundene Unsicherheiten und wahrgenommene Risiken scheinen minimiert.

Profile sind kontrolliert und erwecken darum den Eindruck des Kontrollierbaren – unbenommen davon, dass auch ihnen stets die Option zur (gezielten und damit wieder kontrollierten) Manipulation eigen ist. In einer sozialen Umwelt, die mit einer Vielzahl an Möglichkeiten und darin inbegriffenen Risiken umgehen muss, dienen Profile als Mittel der individuellen wie gesellschaftlichen Selbstvergewisserung und Selbstversicherung und sind damit zugleich eine Reaktion auf wahrgenommene – existente oder imaginierte – Risiken.

Solcherart verstandene Profile bergen jedoch zugleich ein Risikopotential in sich: Sie können zur Grundlage von Fehlinterpretationen und daraus resultierenden unzutreffenden und unzulässigen Festschreibungen werden. In diesem Moment erscheinen sie als Bedrohung einer individuellen bzw. gesellschaftlichen Freiheit.

Katja Grashöfer

These 4: Bei der Nutzung von Profilen werden die Daten über Einzelne, Gruppen und Korrelationen zwischen diesen gleichgesetzt, so dass es zu Rückkopplungseffekten kommt.

Insbesondere Profile, die von Dritten über eine Person oder eine Gruppe erstellt werden, können ungewollte Seiteneffekte produzieren. Wenn von den negativen Folgen der Entkoppelung von Subjekt und Profil die Rede ist, meint dies häufig die Anreicherung der Profile mit zusätzlichen Informationen und die Nutzung zu vorher nicht bekannten Zwecken, die nur teilweise und nicht überall gesetzlich untersagt ist. Was im Front-End sichtbar ist, hat wenig mit der Verwendung im Back-End gemein. Insbesondere durch Data Mining und Big Data gewinnt diese Form der Nutzung von Profilen an Bedeutung. Dabei werden

nicht selten zwei Fehler begangen, die negative Folgen für
die profilierten Personen haben können. Erstens werden
die Informationen, die vom Subjekt selbst kuratiert oder mit
dessen Wissen gesammelt wurden, verwechselt mit solchen,
die durch Abstraktion und Korrelation zusätzlich berechnet
werden (vgl. den Beitrag von Bettina Berendt). Zweitens werden
Informationen über Gruppen bei ausreichender Korrelation
gleichgesetzt mit denen über eine einzelne Person, so dass durch-
schnittliche Aussagen über eine Gruppe sich in einer Feedback-
schleife mit dem Profil jedes oder jeder Einzelnen befinden.

Martin Degeling

**These 5: Als Orte der Arbeit an der eigenen Identität sind
Profile ambivalent: Sie oszillieren zwischen einer bewussten und unbewussten Herstellung von Kohärenz und der
bewussten Darstellung bzw. unbewussten Einschreibung von
Inkohärenzen.**

Menschen sind inkohärent: Dies folgt schon daraus, dass sie
immer vielfältiger sein könnten, als sie es in einer je spezifischen
Situation sind. Ihre Profile dagegen bedienen und erzeugen
die Fiktion einer narrativ erfassbaren Kontinuität des eigenen
Lebens. Der kleinste Baustein des Profils ist das diskrete, klar
abgrenzbare Ereignis, das zu einer linear ablaufenden Ereignis-
kette und anschließend zu einer Erzählung gebündelt werden
kann: Bilder, Texte und dergleichen. Dabei ermöglicht es das
Profil (im Lebenslauf ebenso wie im Social-Network-Account),
heterogene Elemente zu einem Ganzen zu bündeln. In diesem
Sinne ist das Profil eine Infrastruktur zur Herstellung und
Aufrechterhaltung von Selbstkohärenz.

Das Profil unterliegt zumindest zweier Ideologeme: Einerseits
dem des Sinns – denn ohne eine sinnbasierte Anschlussfähigkeit gibt es keine Geschichte – andererseits dem der
individuellen Authentizität – schließlich sollen Profile immer eine

bestimmte, differenzierbare Identität spiegeln oder erfassen. Das erste Phänomen hat mit Kohärenz zu tun, das zweite mit Korrespondenz. Da das Profil nicht selbstreferentiell ist, bedarf es immer auch der Vorstellung einer wie auch immer gearteten Korrespondenz.

Die heute gängigen Web 2.0-Profile haben nicht zufällig die Form von Timelines: Diese ermöglichen eine temporalisierte Ordnung. Natürlich wären auch andere Ordnungen möglich. So könnten Profile als Panoramabilder oder mosaikartige Anordnungen dargestellt werden, in Form von Kennzahlen und Kurven. Das heißt, heutige Profile können die Zeitlichkeit in den Vordergrund rücken, sie können aber auch, wie es bereits ältere Formen des Profils taten, die Sach- oder Sozialdimension in den Vordergrund rücken. Bereits in dieser Möglichkeit des Switchings sind Inkohärenzen angelegt.

Denn die durch das Profil hergestellte Kohärenz mag funktional praktikabel sein, nie aber ist sichergestellt, dass diese auch mit der Wirklichkeit korrespondiert. Vielleicht ist es schon die der Profilierung eigene Unterstellung der Möglichkeit von Korrespondenz, die einen Affordanzcharakter annimmt, der zu einer ständigen Bearbeitung etwaiger Inkohärenzen anspornt. Im Grunde genommen stellt das Profil als Medientechnik zusammen mit dem Individuum eine fiktionale dritte persona her, die sowohl auf das Profil als auch auf das Individuum zurückverweist, die als eine solche Fiktion jedoch immer prekär bleiben muss.

Nikolaus Lehner

These 6: Individualität wird zur eineindeutigen Adressierung von Profilen.

In Zeiten ubiquitärer Datenerhebung und -speicherung sind Profile die vorherrschende Form der (Zu-)Ordnung von Daten. Die Ausgangssituation ist, dass jede Nutzung von (mobilen) Endgeräten in Netzwerken Spuren hinterlässt. Anmeldung und

Verbindung ins Internet und Telefonnetz, Verbindungen mit Webseiten und Telefonanrufe, die Nutzung von Diensten und das Verschicken von Mails; aber auch Sensordaten wie Mausklicks, Touch-Screen-Berührungen, Beschleunigung und Ausrichtung des Geräts etc. All diese Signale können und werden durch unterschiedliche Akteure erhoben und protokolliert, als Serie von Parametern mit Identifiern und Zeitstempeln. Diese Datenserien werden häufig zu Kennzahlen verdichtet, wie die Anzahl eines Wertes oder der Mittelwert innerhalb bestimmter Zeiträume. Ein Profil fasst solche Datenserien oder Kennzahlen zu einem Objekt, Subjekt oder Ereignis geordnet zusammen. In dieser Form der Kennung weist das Profil dem Profilierten ein Set von Zahlen als Merkmale zu und schlägt dabei eine Brücke vom Zählen zum Erzählen (siehe These 10 von Andreas Weich). In Zeiten von Big Data und potentiell allumfassender Datenerhebung verspricht das Profil eine immer feinere Auflösung der Profilierten in Merkmalsets, bis hin zum einzigartigen, von allen anderen unterschiedenen Profil. Individualität wird so zur eineindeutigen Adressierung eines Profils auf ein einziges Subjekt, Objekt oder Ereignis.

Irina Kaldrack

These 7: Profile schlagen eine Brücke zwischen Disziplinar- und Kontrollregimen, insofern sie in beide – wenn auch auf unterschiedliche Weise – funktional eingebunden werden können.

Deleuze hatte eine Ablösung der Disziplinar- durch die Kontrollgesellschaften formuliert. Gerade im Hinblick auf Profile scheint jedoch eine Lesart seines Textes produktiver, die diese Gegenüberstellung auflöst und von dort aus Aspekte beider (dann als idealtypisch konzeptualisierter) Gesellschaftsmodelle innerhalb gegenwärtiger Konstellationen aufsucht. Das Profil-Konzept steht in seiner Genealogie sehr eng sowohl mit Foucaults Konzept disziplinarischer Prüfung, Signatur und

Registrierung sowie klarer Kategorisierung mitsamt Ein- und Ausschließungsmechanismen, als auch mit kontrollgesellschaftlichen Modulationen, Personalisierungen und konstitutiver Unabschließbarkeit in Zusammenhang. Ein Facebook-Profil kann beispielsweise als Mittel zur fortwährenden Arbeit an sich selbst und zum Selbstmarketing in offenen Milieus modelliert werden, gleichzeitig aber auch als Eintragung in ein geschlossenes Register, das zum einen über Merkmale wie Name, Alter, Geschlecht und Wohnort etc. eng mit staatlichen Strukturen und in Verbindung mit Risiko- und Fahndungsprofilen ggf. gar mit polizeilichen und geheimdienstlichen Praktiken verknüpft ist. Das Profil-Konzept im Allgemeinen und ggf. sogar ein und dasselbe Profil können vor diesem Hintergrund konstitutiv sowohl in idealtypische kontrollgesellschaftliche als auch disziplinarische Machkonstellationen eingebunden sein.

Andreas Weich

These 8: Profile erfüllen oftmals gleichzeitig deskriptive und präskriptive Funktionen: Sie referieren auf Vergangenes und treffen Aussagen über zukünftige Wahrscheinlichkeiten.

Profile sind Produkte der Vergangenheit, insofern sie sich auf Merkmale beziehen, die das profilierte Subjekt bisher aufwies bzw. noch aufweist. Sie erfüllen damit eine deskriptive Funktion. Eine präskriptive Funktion erfüllen Profile, wenn sie als Grundlage für Aussagen über zukünftige Verhaltensweisen bzw. Entwicklungen eines Subjekts herangezogen werden. Aus Profilen werden dann Aussagen abgeleitet, wie sich das profilierte Subjekt in einer zukünftigen Situation verhalten wird. Dem Profil wird ein prognostisches Potential zuerkannt (vgl. die Beiträge von Martin Schmitt, Martin Degeling und Bettina Berendt). Oftmals wird dies über Verallgemeinerungen und Klassifizierungen bzw. die Vergleichbarkeit mit „Präzedenzfällen" realisiert („KundInnen, die gekauft haben..."; „Personen, die Eigenschaften XY haben..."). Darüber hinaus können Profile auch als Anforderungsprofile eine Merkmalskombination konstituieren, die es zukünftig zu erreichen gilt (z.B. über Qualifizierungsmerkmale für eine bestimmte berufliche Position). In beiden Fällen erfüllen Profile – wenn auch jeweils unterschiedliche – präskriptive Funktionen. In Anpassungsprozessen (z.B. der Bereitstellung personalisierter Werbung oder auch der Arbeit am eigenen beruflichen Leistungsprofil) verschränken sich diese Funktionen vielfach, insofern die Differenz zwischen Deskription und Präskription die Anpassung motiviert. Im Versuch, den Erfordernissen näher zu kommen, arbeitet das Subjekt an sich selbst.

Andreas Weich und Katja Grashöfer

These 9: Profile prozessieren Un/Ähnlichkeiten auf der Basis von Ordnungsrelationen und Wahrscheinlichkeiten.

Profile, die aus Kennzahlen bestehen, sind immer schon Formen der Generalisierung und des Vergleichs. Gleichermaßen sind Profile vergleichbar; sie ermöglichen die Bestimmung von Ähnlichkeiten.

Für ihre Erstellung sind Datenerfassung, Datenordnung und Datenvergleich grundlegend: Dabei ist entscheidend, welche Datenformen in welchen Zeiträumen erhoben werden, mit welcher Ordnung oder Metrik sie vergleichbar gemacht werden und mittels welcher mathematischen bzw. statistischen Verfahren sie zu Kennzahlen zusammengefasst werden.

Als geordnete Menge von Kennzahlen ermöglichen Profile auch den Vergleich zwischen einzelnen Kennzahlen, typische Verfahren sind Korrelation, (lineare) Regression und Assoziationsanalyse. Betrachtet wird, ob in einer gegebenen Menge von Profilen zwei Merkmale gleichermaßen statistisch auffällig sind. Das heißt, es werden Beziehungen und Abhängigkeiten innerhalb von Merkmalsätzen durch den Vergleich vieler Profile gesucht.

Um Profile untereinander vergleichen zu können, müssen diese wiederum in eine Ordnung gebracht werden und das heißt, es braucht eine Metrik, die den Vergleich zwischen mehreren Merkmalssätzen ermöglicht. Eine gegebene Menge von Profilen lässt sich dadurch in Gruppen unterteilen (Clusteranalyse), oder neue Profile lassen sich bestehenden Gruppen oder Klassen zuordnen (Klassifikation durch lernende und wahrscheinlichkeits-basierte Entscheidungsverfahren). Die Gruppen ordnen die Masse der Profile.

Profile sind gleichermaßen geordnete Daten als auch zu ordnende Daten – die in ihnen und durch sie erstellte Ordnung hängt maßgeblich vom Zusammenspiel der betrachteten Menge der Profile (Stichprobe) und den in ihnen erhobenen Merkmalen (Daten und deren Zusammenfassung zu Kenn-zahlen) ab: Die gewählten Abstands- bzw. Ähnlichkeitsmaße und die Vergleichsverfahren bzw. -algorithmen bestimmen die Vergleichbarkeit/Ergebnisse.

Irina Kaldrack

These 10: Die zentrale Funktionalität des Profils scheint in vielen Fällen die mediale Konstitution von Menschen unter der Maxime der Passung zu sein. Dies grenzt es von vielen anderen Medialisierungsformen ab und ermöglicht zugleich ein Verständnis seiner aktuellen Popularität.

Profile sind analytisch, insofern sie ihre Referenzobjekte in dis-tinkte Merkmale zerlegen, und gleichzeitig synthetisch, insofern sie einen Rahmen konstituieren, der die einzelnen Merkmale ‚zusammenstellt'. In dieser allgemeinen Doppelfunktion sind ver-schiedene Profile aneinander anschlussfähig bzw. interoperabel, insofern die Merkmale zwischen ihnen ‚geteilt' werden können. Diese Anschlussfähigkeit ermöglicht unter anderem eine gewisse Kommensurabilität zwischen Profilen und auf der medialen Ebene dadurch auch zwischen den Referenzobjekten. Vor diesem

Hintergrund können Profile dazu dienen, Passungen zu eruieren
– im Abgleich zwischen Anforderungs- und Leistungsprofilen,
im Matching. Dabei sind Profile, anders als z.B. Narrationen,
Beschreibungen und Portraits oder aber reine Datenansamm-
lungen, in der Lage, sowohl im Rahmen von Datenverarbeitungen
prozessierbar zu sein, als auch semantische und diskursive
Bedeutsamkeit zu entfalten. Sie schlagen gewissermaßen eine
Brücke zwischen Maschinensprache und diskursiv anschluss-
fähigen Wissensgegenständen wie dem Charakter oder der
Person. Somit integrieren sie computerbasierte Verwaltungs- und
Berechnungsprozesse mit tradierten diskursiven Objekten und
Praktiken, was ihre Popularität innerhalb der gegenwärtigen
Medienkulturen plausibel erscheinen lässt.

Andreas Weich

INTERNALISIERUNGSMACHT

SELBSTDESIGN

SUBJEKT

NORMIERUNG

SOZIALE MEDIEN

PSYCHIATRIE

KRIMINALISTIK

1

Das Wissen des Profils: Über das Selbstdesign der digitalen Kultur

Andreas Bernard

Der Aufsatz geht von der Beobachtung aus, dass sich das in der digitalen Kultur forcierte Wissen über den Menschen auffallend häufig auf Formate und Technologien der Kriminalistik- und Psychiatriegeschichte bezieht. Heute pflegen wir alle eine Vielzahl von persönlichen und akademischen ‚Profilen‘, doch man darf nicht vergessen, dass dieses Erkenntnisinstrument im Lauf des 20. Jahrhunderts zunächst an verhaltensauffälligen Schülern, Kranken und Verbrechern erprobt wurde. Was bedeutet es also, dass das digitale Selbst der Gegenwart seine Souveränität und Selbstermächtigung durch Verfahren beziehen soll, die vom ausgehenden 19. bis zum späten 20. Jahrhundert der (staatlichen, polizeilichen, medizinischen, pädagogischen) Bemächtigung abweichender Subjekte vorbehalten war? Es hat sich in den letzten 20, 25 Jahren ein verändertes Verhältnis zu Verfahren der Erfassung ergeben, das offenbar wesentlich auf Aspekten der Freiwilligkeit und der Verinnerlichung von Machtbeziehungen beruht. Vor diesem Hintergrund schlägt der Aufsatz schließlich einen neuen, auf Foucaults ‚Disziplinarmacht‘ und Deleuzes

‚Kontrollmacht' referierenden Begriff der ‚Internalisierungs-macht' vor, um den gegenwärtigen Status von Subjektivität im Zeitalter der ‚Profile' beschreibbar zu machen.

Bis vor etwa 20 Jahren gab es ‚Profile' nur von Schwerver-brechern und Wahnsinnigen. Ein tabellarisch organisiertes Schriftstück mit den kennzeichnenden Charaktereigenschaften eines Individuums: Diese Erfassungstechnik, entstanden in den Wissensdisziplinen der Kriminalistik, Psychiatrie und Pädagogik, hatte noch vor ganz kurzer Zeit die vordringliche Aufgabe, eine abweichende Biographie zu umreißen. Profile wurden von Institutionen erstellt, um sich devianter Subjekte zu bemächtigen. Sie dienten zur Klassifikation, Domestizierung und Normierung; bei einem noch nicht identifizierten Serienmörder, einem Schizo-phreniepatienten oder einem widerspenstigen Schüler sollten wiederkehrende Schemata der bisherigen Taten oder Krankheits-schübe sichtbar gemacht werden, um die Disposition des Falles besser zu verstehen.

Innerhalb weniger Jahre haben sich Autorschaft, Ort und Funk-tion dieses Wissensformats auf elementare Weise verändert. ‚Profile' sind heute ubiquitär; in den Sozialen Medien gehört ihre Anlage und ständige Pflege bekanntlich zum Alltag der aller-meisten Menschen. Es handelt sich dabei jedoch nicht mehr um die institutionelle Klassifikation von Abweichungen, sondern um einen freiwilligen, souveränen Akt. Wir erstellen unsere Profile selbst, auf Facebook, Instagram, LinkedIn, Xing usw.; wir arbeiten an einem ‚Bewerbungsprofil', wenn wir auf Arbeits-suche sind, in Antragsschreiben an der Universität skizzieren wir unser ‚Forschungsprofil'. Gegenstand dieser Aufschreibetechnik ist also kein passives, viktimisiertes Individuum mehr, sondern ein aktives, produktives, selbstermächtigtes Subjekt. Autor und Gegenstand von Profilen fallen heute in eins.

Wie ist es zu dieser radikalen, in Windeseile vollzogenen Um-codierung des Wissensformats ‚Profil' gekommen? Und was bedeutet es für den gegenwärtigen Status des Subjekts, dass in den vergangenen Jahren einerseits eine Inflation dieses als Bemächtigungsinstrument entstandenen Formats zu beobachten ist, wir uns andererseits aber als souveräne Herren über unsere Profile empfinden und sie, wie der überwältigende Erfolg der Sozialen Medien zeigt, mit unversiegbarer Lust erweitern und verdichten.

Dieser Umschlagpunkt, dieser Weg zu einer neuen Ubiquität des Profils kann zunächst auf einen kollektiv veränderten Umgang mit Erfassung im letzten Vierteljahrhundert bezogen werden. Bis vor ganz kurzer Zeit hatte dieses Wort einen paranoiden Beigeschmack. ‚Erfasst' werden hieß, sich einer fremden – institutionellen oder staatlichen – Macht auszuliefern, die eigenen Persönlichkeitsrechte einzubüßen, zum ‚gläsernen Menschen' zu werden, wie eine geläufige, angstbesetzte Redewendung in der alten Bundesrepublik lautete. Noch in den späten 1980er Jahren hat diese Konstellation – das passive Individuum und der inquisitorische Staat – die politische Kultur bestimmt. Ereignisse wie die Einführung des maschinenlesbaren Personalausweises und vor allem die ‚Volkszählung' 1987 haben in Deutschland eine riesige Protest- und Boykottbewegung ausgelöst. Wenn man sich heute den schmalen Profilbogen der Volkszählung noch einmal ansieht, der an jeden Haushalt verteilt wurde, ist man von der Zurückhaltung und Diskretion der Datenerhebung vollkommen überrascht. Er umfasst nur rund 20 Posten, von heute aus gesehen unschuldige, fast rührende Fragen nach dem Wohnort, dem Arbeitsweg, dem Berufsfeld. Für heutige Social-Network-Nutzer müssen die aufgebrachten Demonstrationen und Podiumsreden von damals wie Zeugnisse einer Massenhysterie wirken.

Sich als souveränes, kritisches Subjekt zu verstehen, war vor 25 Jahren also gleichbedeutend mit dem Widerstand gegen jede Art von ‚Profil'. Was ungefähr zur gleichen Zeit einsetzt, ist aber eine Strömung, die man als Epoche des ‚Selbstdesigns' bezeichnen könnte und die heute noch nicht abgeschlossen ist. Die Anfänge dieser Epoche können in verschiedener Hinsicht identifiziert werden: einmal vielleicht in Zusammenhang mit der Fetischisierung des ‚Lebenslaufs' und dem Aufkommen einer umfangreichen Bewerbungskultur seit den 1980er Jahren. In dieser Zeit beginnt sich die Rede von ‚lebenslaufrelevanten' Kursen oder Auslandsaufenthalten zu etablieren; gleichzeitig tauchen in den Schreibwarenläden und Kaufhäusern die ersten Ratgeber und Computerprogramme auf, die den Kandidaten auf Stellensuche ein vollendetes „Bewerbungsprofil" versprechen, dem sich kein Personalchef entziehen könne. Eine spröde Auflistung biographischer Daten verwandelt sich zum aufwändig erstellten Schaubild des eigenen Lebens; es entstehen die Konturen eines „unternehmerischen Selbst", dessen bevorzugtes Selbstdarstellungs-Format das ‚Profil' ist.

Untrennbar verknüpft mit der zunehmenden Lust und Notwendigkeit, sich öffentlich zu präsentieren, ist zu Beginn unseres Jahrhunderts zweifellos das Aufkommen des sogenannten Web 2.0 und der Sozialen Medien. Vor allem diesen Netzwerken hat das Format des ‚Profils' seinen elementaren Funktionswandel zu verdanken. Inwiefern dabei Erfassungstechniken, die lange Zeit staatlichen oder polizeilichen Instanzen zur Fahndung nach Verdächtigen vorbehalten waren, nun einer individuellen – spielerisch, freundschaftlich oder ökonomisch genutzten – Bestimmung gewichen sind, zeigt besonders anschaulich die aktuelle Konjunktur von Ortungs-Software auf dem Smartphone. Noch im Jahr 2004 traf das Bundesverfassungsgericht eine viel diskutierte Entscheidung, dass die polizeiliche Ortung von Personen über GPS ohne deren Kenntnis nur unter strengen Auflagen und Vorbedingungen erfolgen dürfe. Inzwischen kommt die Technik der Positionsbestimmung zum flächendeckenden Einsatz bei fast allen Smartphone-Besitzern: Social-Media-Apps zeigen den Freunden an, in welcher Bar oder in welchem Club man gerade feiert; und Jogger stellen ihre Laufleistung live ins Netz, übertragen von einem Speicherstick im Schuh oder einer Smartwatch, um ihr Fitnessprofil zu schärfen.

Wir leben in einem Zeitalter der Selbsterfassung und der Selbstprofilierung. In seinem berühmten kleinen Text „Postskriptum

noch:

> Man braucht keine Science-Fiction, um sich einen Kontroll-
> mechanismus vorzustellen, der in jedem Moment die Posi-
> tion eines Elements in einem offenen Milieu angibt, Tier in
> einem Reservat, Mensch in einem Unternehmen (elektroni-
> sches Halsband). (Deleuze [1990] 1993, 261)

Dieser so vielzitierte Aufsatz ist inzwischen aber 25 Jahre alt,
verfasst zu einer Zeit, in der sich das neue Menschenbild der
Sozialen Medien noch nicht geformt hatte. Das von Deleuze
entworfene Szenario ist immer noch von einer herrschaftlichen
Geste bestimmt, die von oben nach unten ergeht. Im späten
20. Jahrhundert waren vielleicht keine Kerker und Fabriken mit
Stechkarten mehr notwendig, um abweichende oder abhängige
Menschen zu regulieren, aber auch die mobilen Kontrollmech-
anismen, zum Beispiel die Fußfesseln bei Freigängern, zeugten
weiterhin von Zwang und Autorität. Das elektronische Halsband
unserer Gegenwart dagegen ist die ‚Apple Watch', Sehnsucht-
sobjekt einer weltweiten Gemeinde von Kunden, die tagelang
vor den Geschäften warten, um als erste das herbeigesehnte
Produkt umschnallen zu dürfen. Dieses Gerät misst unablässig
die eigenen Körperfunktionen und den Aufenthaltsort, erstellt
Profile der Gesundheit und Leistungsbereitschaft und wenn der
Besitzer sich nicht genügend bewegt, mahnt es ihn durch visuelle,
akustische und taktile Signale zu einem gesünderen Lebenswan-
del. Ein elektronisches Band schärfster Überwachungsgabe also
– aber kein Instrument der staatlichen Exekutive mehr, sondern
ein umworbenes Statussymbol, dessen Besitzer sich als stolze
Avantgarde fühlen und nicht als Delinquenten.

Und genau in diesem Sinne muss man die Frage nach der Ubiquität der Profile und der Souveränität des gegenwärtigen Subjekts noch einmal stellen. Was ist das für eine Freiheit, die dafür
gesorgt hat, dass die Informationen eines Profils inzwischen von
den Profilierten selbst erstellt werden? Um die Geschichte und

die Funktionen dieses Formats besser zu verstehen, lohnt es sich vielleicht, den Blick auch auf die anderen, vielfältigen semantischen Kontexte dieses Begriffs zu lenken. In seiner kunsthistorischen Bedeutung als Seitenansicht etwa kam das ‚Profil‘ nämlich immer dann zum Einsatz, wenn bestimmte systematisierende und klassifizierende Erkenntniseffekte mit der Gesichtsdarstellung verbunden werden sollten, über rein ästhetische Debatten hinaus. Der Schattenriss, also die Silhouette im Profil, wird bei Johann Caspar Lavater Mitte des 18. Jahrhunderts von einer betulichen Kunstform zur aufschlussreichen Geheimschrift, deren Lektüre das Innere jedes Menschen aufschließt. In seinem 1772 erschienenen Traktat „Von der Physiognomik" lässt Lavater keinen Zweifel daran, dass die Stiche oder Zeichnungen der Interpretierten die Seitenansicht des Gesichts zeigen müssen. Zum Beleg dieser These vergleicht er eine physiognomisch relevante Profilzeichnung Montesquieus mit einem aussagearmen Porträt und stellt fest, dass in letzterem Fall

> das Anschauen des Mahlers, und folglich die Activität der Muskeln [...] uns statt des natürlichen Zustandes größtentheils etwas gezwungenes, steifes, oder gespanntes darstellt; welches bey dem Profile selten widerfährt, wo der, welcher sich zeichnen läßt, größtentheils eben darum, weil ihn das Auge des Mahlers nicht regiert, natürlicher und freyer schaut. (Lavater [1772] 1991, 50)

Das Profilbild ermöglicht also größere Objektivität und damit bessere Interpretierbarkeit. Ganz ähnlich argumentiert gut hundert Jahre später der Pariser Kriminologe Alphonse Bertillon, als er sein neues Identifizierungssystem von Wiederholungstätern namens „Anthropometrie" vorstellt, eine Reihe von Körpermessungen, die in der Anfangszeit noch durch eine Profilfotografie der Delinquenten ergänzt wird. Es ist, schreibt Bertillon, „das Profil mit seinen genauen Linien in viel höherem Grade als das en-face-Bild geeignet, uns die bestimmte Individualität von jedem Gesicht darzustellen" (1895, 14). Dies läge vor allem an der exzellenten Identifizierbarkeit des Ohrs, dessen Gestalt bei jedem

Menschen unterschiedlich sei und vor allem auch nicht durch Mienenspiele während der fotografischen Aufnahme verzerrt werden könne. (Bevor sich an der Wende zum 20. Jahrhundert die Fingerabdrücke als unhintergehbares Identifikationszeichen jedes Menschen etablieren, nimmt das menschliche Ohr diese Funktion in der kriminalistischen Wissenschaft ein.)

Das Profil als Seitenansicht, das machen die Ausführungen von Lavater und Bertillon deutlich, soll ähnliche Erkenntniseffekte über analysierte und klassifizierte Subjekte liefern wie das tabellarische Schriftstück gleichen Namens. Man könnte sogar noch eine dritte, wie die Anthropometrie im letzten Viertel des 19. Jahrhunderts aufgekommene Bedeutungsebene des Begriffs hinzunehmen, die erstmals um 1880 patentierten Fahrrad-,Profilreifen' der Firmen Dunlop oder Palmer. In Conan Doyles SherlockHolmes-Geschichte „Die Abtei-Schule" von 1904 ist es genau die Lektüre dieser verschiedenen Fahrradspuren im Umkreis des Tatorts, die den Detektiv auf die richtige Fährte bei der Suche nach dem Täter führt: „Ich bin mit zweiundvierzig verschiedenen Reifenabdrücken vertraut", sagt Sherlock Holmes zu Beginn der Ermittlung (Doyle [1904] 1985, 142).

Schriftstücke, Gesichtsaufnahmen, Reifenmuster: Profile haben ihren mit Autorität ausgestatteten Lesern – den Wissenschaftlern, Ärzten, Kriminalisten oder Detektiven – also Aufschlüsse über Menschen und Fälle gegeben. Die allgegenwärtigen digitalen Profile von heute sind eine Art freiwilliges Signalement, und man könnte sich fragen, welche neue Machtkonstellation mit dieser Umwandlung verbunden ist. In der Geschichte der modernen Machttechniken lassen sich vielleicht zwei große Epochen ausmachen. Michel Foucault sprach bekanntlich von der „Disziplinarmacht", die die Individuen seit dem 18. Jahrhundert in den Räumen neu entstehender Institutionen einschloss und anordnete, in Schulen, Kasernen, Fabriken, Krankenhäusern, Gefängnissen. Diese Epoche der Disziplinarmacht hat sich laut Gilles Deleuze im Lauf des 20. Jahrhunderts zunehmend aufgelöst. Von der Disziplinarmacht des 18. und 19. über die

Kontrollmacht des 20. scheint der Weg im 21. Jahrhundert also zu einer dritten Ausprägung geführt zu haben, die man Internalisierungsmacht nennen könnte. Zweifellos beziehen sowohl der Begriff der „Kontrollmacht" als auch Foucaults spätes Konzept der „Gouvernementalität" bereits die Freiwilligkeit der Handlungen in ihre Machttheorien ein. Aber in der digitalen Gegenwart hat diese Macht der Verinnerlichung offenbar noch einmal eine neue Intensität erreicht. Profiliere dich selbst! Ein Imperativ, der sich inzwischen von selbst versteht.

Was bedeutet also die Freiheit, in der wir leben, individuell gestaltbar, von einem immer elastischeren Rahmen an Zwängen umgeben? Selbstverständlich ist diese Freiheit ein wertvolles Gut, dem tristen Dasein in einem despotischen Regime jederzeit vorzuziehen. Aber es mehren sich die Anzeichen, die dafür sprechen, dass gerade die fortschreitende Internalisierung der Erfassung im Zeichen des Selbstdesigns die am leichtesten und genauesten zu regierenden Staatsbürger hervorbringt. Kein politisches Konzept ist überzeugender als eines, das seine Regulierungsmaßnahmen den Individuen selbst überlässt. Vielleicht hat das demokratische System im letzten Vierteljahrhundert genau aus dem Grund über das totalitäre triumphiert: Es erreicht die gleichen Ziele mit eleganteren und effizienteren Mitteln.

Und wenn das ‚Profil' eineinhalb Jahrhunderte lang für die Klassifikation von Abweichung stand, lässt eine bestimmte Meldung aufhorchen, die vor etwa drei Jahren durch die Nachrichten ging, als wieder einmal mehrere kurz aufeinander folgende Amokläufe die USA erschütterten, unter anderem in einem Kino in Denver, in einer Grundschule in Newport/Connecticut. Damals wurde eine psychologische Kommission gebildet, die sich mit dem Verhalten der Täter in den Sozialen Netzwerken beschäftigte. Denn den Psychologen war eine Gemeinsamkeit der beiden Mörder von Denver und Newport und anderen Amokläufern der jüngsten Geschichte aufgefallen: Sie alle hatten kein Profil auf Facebook und Twitter, hatten sich den omnipräsenten Kommunikations- und Selbstdarstellungsangeboten im Netz verweigert – und

diese Askese wurde nun, für die Verhütung künftiger Verbrechen
ähnlichen Typs, als eine Art Warnsignal gewertet. Man werde
in Zukunft möglicherweise ähnliche Taten verhindern können,
schrieb die Kommission in einem Bericht, wenn man bereits im
Vorfeld auffällige Verhaltenstendenzen bei bestimmten Jugend-
lichen erkennen und sammeln könne. Das Verhältnis hat sich also
genau umgekehrt: 150 Jahre lang war es untrügliches Zeichen von
Abweichung, Gegenstand von Profilen zu sein. Heute sind sie Aus-
weis von Gesundheit und Normalität.

Literatur

Bertillon, Alphonse. 1895. *Die Gerichtliche Photographie. Mit einem Anhange über die anthropometrische Classification und Identificirung*. Halle a.S.: Wilhelm Knapp.

Deleuze, Gilles. (1990) 1993. „Postskriptum über die Kontrollgesellschaften". In *Unterhandlungen*, 254–262. Frankfurt a.M.: Suhrkamp.

Doyle, Arthur Conan. (1904) 1985. „Die Abtei-Schule". In *Die Rückkehr des Sherlock Holmes*, 125–163. Zürich: Kein und Aber.

Lavater, Johann Caspar. (1772) 1991. *Von der Physiognomik*. Frankfurt a.M./Leipzig: Insel Verlag.

PROFIL

GESCHICHTE

SUBJEKT

BEGRIFF

BILDUNG

PRIVACY-PARADOX

2

Sich profilieren und profiliert werden: Über zwei Seiten einer Medaille

Andreas Weich

Sich zu profilieren bzw. ein bestimmtes Profil zu haben ist einerseits eine weit verbreitete Forderung und andererseits wird der Umstand profiliert zu werden bisweilen sowohl als schwer zu vermeidende Alltäglichkeit als auch im Sinne einer permanenten Bedrohung verstanden. Die These des Textes ist, dass diese Phänomene nicht nur den Profil-Begriff sowie das grundlegende Prinzip, Menschen in eine Zusammenstellung von Merkmalen zu zerlegen (bzw. sie in diesem Modus erst zu konstituieren), miteinander teilen, sondern entsprechende Techniken und Praktiken historisch vielfach miteinander verflochten sind. Der Blick auf diese Verflechtungen kann helfen, die gegenwärtig z.B. in der Diagnose eines ‚Privacy-Paradox' als Widersprüchlich ver-anschlagte Gleichzeitigkeit von Selbst- und Fremdverdatung zu verstehen.

Die Gleichzeitigkeit der bereitwilligen Selbst-Profilierung und des problematisierten Profiliert-Werdens wird oftmals als nur schwer verständlich, im Privacy-Diskurs gar als Paradox veranschlagt. Im Folgenden sollen mittels einer Historisierung des Profil-Begriffs und dem Aufzeigen exemplarischer Verschränkungen der Praktiken der Selbst- und Fremdprofilierung sowohl diese Konstellation selbst als auch ihre gegenwärtige Problematisierung und Unverständlichkeit verständlich gemacht werden.

Semantiken

Obwohl der Begriff ‚Profil' in vielen Kontexten selbstverständlich genutzt wird, ist er ein schillernder und in verschiedenen Diskursen mit unterschiedlichen Bedeutungen verknüpft. Wie zu zeigen sein wird, umfasst die ‚Profilierung' dabei zum einen die Darstellung eines Objekts oder einer Person durch andere, die Darstellung der Person durch sich selbst sowie das operative Einwirken auf Objekte und Personen nach Maßgabe eines Profils.

Etymologisch ist der Profil-Begriff

> eine Rückbildung aus ital. *profilare* ‚aufzeichnen, im Umriß zeichnen, umreißen, umsäumen, am Rande (mit Fäden) verzieren', zu ital. *filo* ‚Faden, Garn, Zwirn' (aus lat. *filum* ‚Faden, Gewebe, Form, Gepräge'). (Pfeifer et al. 2005, 1046)[1]

Entsprechende Erwähnungen lassen sich im Deutschen enzyklopädisch z.B. im 18. Jahrhundert hinsichtlich der Perlenstickerei nachweisen. Der Profil-Begriff fand laut Pfeifer et al. ab Mitte des 18. Jahrhunderts Eingang in die bildende Kunst, um v.a. das seitliche Portrait eines Menschen zu bezeichnen (Pfeifer et al. 2005, 1046).[2]

Das Erstellen von Profilen beginnt begrifflich gesehen also als Praktik, bei der eine Person von einer anderen abgebildet, mithin

---

1 Die folgenden historisierenden Ausführungen zum Profil-Begriff sind ein stark komprimierter Auszug aus meiner Dissertation zur Genealogie und Medialität des Profilierungs-Dispositivs (Weich 2017).
2 Auch eigene Recherchen stützen diese Behauptung, da sich beispielsweise bei Pisanello, Da Vinci und Dürer, trotz ihrer systematischen Verwendung der Seitenansicht bei der Porträtierung von Menschen, der Begriff „Profil" nicht finden lässt.

,profiliert' wird. Doch es wurden nicht nur Menschen, sondern auch Objekte in einer als Profil bezeichneten Seitenansicht dargestellt – seit dem 17. Jahrhundert beispielsweise in Veduten[3] (Abb. 1) und architektonischen Darstellungen[4] (Abb. 2) insbesondere im Festungsbau (siehe exemplarisch Freitag 1631, 60).

Abb. 1: „Profil der Vestung Hochen Twiel" (1643) (Quelle: Merian/Zeiller 1656)

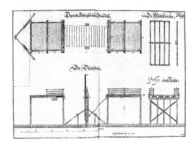

Abb. 2: Durchschnitt und „Profilo" im Festungsbau (Quelle: Furttenbach 1635, 39f.)

3   In der Karten- und Vedutensammlung „Städte der Welt", die 363 Kupfer-
    stiche von Städten in Drauf- und Seitenansichten versammelt, die zwischen
    1572 und 1617 angefertigt wurden, taucht der Profil-Begriff in keiner der
    darin zur Anwendung kommenden Sprachen (darunter Deutsch, Englisch,
    Französisch, Italienisch, Latein) auf, was darauf schließen lässt, dass die Ver-
    wendung tatsächlich erst im 17. Jahrhundert begann (Füssel 2008).
4   „In der Civil- und Kriegs-Baukunst ist *Profil, Intersektio, Orthographie interna*,
    der Durchschnitt, nichts anderes als ein solcher Riß von einem Gebäude
    oder Vestungs-Wercke, wie sich dasselbe den Augen darstellen würde, wenn
    man es mit einem Plano dergestalt durchschnitte, daß die Proportion der
    Theile, die man sonst nicht sehen würde, deutlich müste in die Augen fallen.
    Siehe hiervon ein mehreres im Artickel: Durchschnitt [...]" (Zedler et al. 1741,
    774).

Analog zur Baukunst wurde der Profil-Begriff als Abbildung von Messergebnissen in Durchschnitts- oder Seitenansichten zunächst in die Geografie/Geologie (exempl. Abb. 3), später aber auch in weitere naturwissenschaftliche Disziplinen eingeführt (exemplarisch R. 1781).

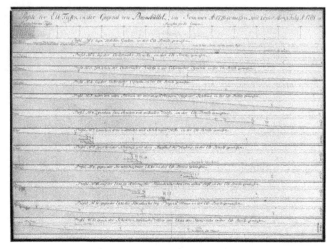

Abb. 3: Profil der Elb-Tiefen (Quelle: R. 1779/1781)[5]

In der experimentellen Psychologie wird der Profil-Begriff seit Beginn des 20. Jahrhunderts, insbesondere mit Verweis auf das Konzept des Neurologen Grigori Iwanowitsch Rossolimo, verwendet (Rossolimo 1926, Abb. 4).

Ähnliche Profile sind in der differenziellen Psychologie bis heute üblich (exemplarisch Asendorpf 2007, 46ff.). In psychologisch orientierten arbeitswissenschaftlichen und managerialen Diskursen beschreibt er seit dem frühen 20. Jahrhundert Leistungen und Anforderungen von MitarbeiterInnen und Aufgaben (exemplarisch Giese 1923, 40; Korff 1971).

5   Vielen Dank an dieser Stelle an die Staats- und Universitätsbibliothek Hamburg für die Bereitstellung des Scans.

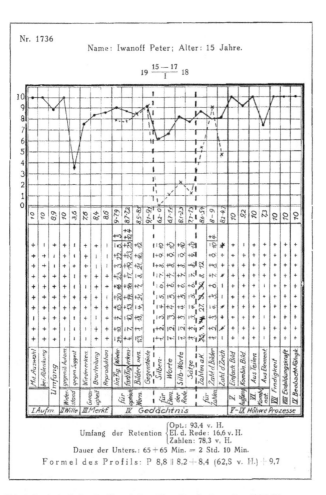

Abb. 4: Psychologisches Profil nach Rossolimo (Quelle: Rossolimo 1926, 13)

Der Profil-Begriff wird spätestens seit den 1970er Jahren in der empirischen Sozialforschung, z.B. in der Profil-Cluster-Analyse, verwendet (Abb. 5, exemplarisch Schlosser 1975).

42

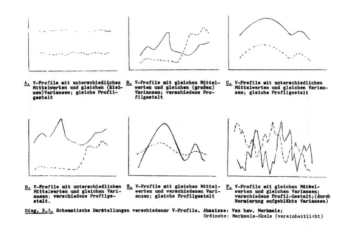

A. V-Profile mit unterschiedlichen Mittelwerten und gleichen (kleinen) Varianzen; gleiche Profilgestalt
B. V-Profile mit gleichen Mittelwerten und gleichen (großen) Varianzen; verschiedene Profilgestalt
C. V-Profile mit unterschiedlichen Mittelwerten und gleichen Varianzen; gleiche Profilgestalt

D. V-Profile mit unterschiedlichen Mittelwerten und gleichen Varianzen; verschiedene Profilgestalt.
E. V-Profile mit gleichen Mittelwerten und verschiedenen Varianzen; gleiche Profilgestalt
F. V-Profile mit gleichen Mittelwerten und gleichen Varianzen; verschiedene Profil-Gestalt;(durch Normierung aufgeblähte Varianzen)

Diag. 3.;1. Schematische Darstellungen verschiedener V-Profile. Abszisse: Ven bzw. Merkmale;
Ordinate: Merkmals-Skala (vereinheitlicht)

Abb. 5: Variablen-Profile in der empirischen Sozialforschung (Quelle: Schlosser 1973, 44)

Profilartige Konzepte haben über die Psycho- und Soziologisierung der Kriminalistik (Musolff 2006, 4) zu Beginn des 20. Jahrhunderts auch Einzug in die Strafverfolgung gehalten. Die explizite Verwendung des Profil-Begriffs scheint sich erst seit den 1970er Jahren als „offender profiling" im englischsprachigen, seit den 1990er Jahren auch im deutschsprachigen Raum zu etablieren (siehe exemplarisch ebd. sowie Debery 2010, 394f.). Im Bereich des Kundenmanagements taucht der Begriff in der zweiten Hälfte des 20. Jahrhunderts auf und wird z.T. explizit mit dem kriminalistischen Profiling-Begriff verknüpft (exemplarisch Wenzlau 2003). In der Zielgruppen- und Konsumentenforschung ist der Profil-Begriff seit dem ausgehenden 20. Jahrhundert virulent (Burnett/Bush 1986). Von Risikoprofilen wird spätestens seit den 1970er Jahren in medizinischen Diskursen (im Sinne von RisikopatientInnen) und seit den 2000er Jahren auch im Finanzmanagement (zur Einordnung von Produkten und AnlegerInnen) gesprochen (exemplarisch Everling 2009). Im Bereich der Computertechnologie steht der Profil-Begriff seit

den späten 1970er Jahren, prominent aber v.a. seit den frühen
1990er Jahren als „Benutzerprofil" zunächst in Zusammenhang
mit Identifizierung, Authentifizierung, Autorisierung und Personalisierung (exemplarisch IBM 1990; Populär wurde der Begriff
v.a. durch Windows NT und Windows 95). Ein damit verwandter
Bereich, in dem der Profil-Begriff spätestens seit den 1980er
Jahren Verwendung findet, ist das so genannte *User-Modeling*, bei
dem versucht wird, ein zweckgebundenes Abbild der Nutzerin
bzw. des Nutzers z.B. in Form von Vektoren zu generieren
(als frühen Ansatz exemplarisch Davidson 1982; aus aktueller
technischer Perspektive: Seitz 2005, 37f.). Im Hinblick auf
Datenschutzfragen ist im öffentlichen Diskurs von Profilen insbesondere seit den 2000er Jahren vermehrt im Zusammenhang
mit Sicherheitsfragen, z.B. in Form von Risikoprofilen im Hinblick
auf terroristische Aktivitäten[6], sowie ökonomisch motivierten
Profilierungen die Rede (exemplarisch Groetker 2002).

Im Unterschied zu Profilen, die von anderen erstellt werden,
bezeichnet der Begriff auch Darstellungen, die man sich selbst
gibt. Komplementär zu Anforderungsprofilen in schulischen und
beruflichen Kontexten beispielsweise findet der Begriff in der
zweiten Hälfte des 20. Jahrhunderts Einzug in die Marketing- und
Bewerbungsliteratur, in der Firmen und Personen dazu angehalten werden, ein Profil zu haben bzw. sich eines zu geben
(exemplarisch Nestlé Alimentana SA 1960; später Heinrich 1990)
oder aber dahingehend operativ auf sich einzuwirken, dass man
einem bestimmten Profil entspricht. Seit den 2000er Jahren
mehren sich Ratgeber zu diesem Thema (exemplarisch Öttl/
Härtel 2004). In diesem Kontext kommt auch die reflexive Vari-
ante des Begriffs ‚sich profilieren' auf.[7] Im öffentlichen Diskurs
scheint dieses Bedeutungsfeld in den letzten Jahrzehnten am

6   Ein entsprechendes diskursives Ereignis ist die Veröffentlichung des Pro-
     fils für die Rasterfahndung nach terroristischen ‚Schläfern' (exemplarisch
     Bittner 2001; Klingst 2001).
7   Laut *Lexikon der deutschen Umgangssprache* kommt auch die Formulierung
     „profiliert sein" erst nach 1945 auf. (Küpper 1984, 2213).

dominantesten.[8] Seit den 1990er Jahren wird der Begriff auch im Konzept der „Profilseite" in Social Networking Sites (SNS) genutzt, die man selbst von sich anlegt (boyd und Ellison 2007). Als ‚Charakterprofil' taucht er spätestens seit den 1980er Jahren in (Rollen- und) Computerspielen auf, um die Medialisierung der von den SpielerInnen ausgestalteten und gespielten Figuren zu bezeichnen.[9]

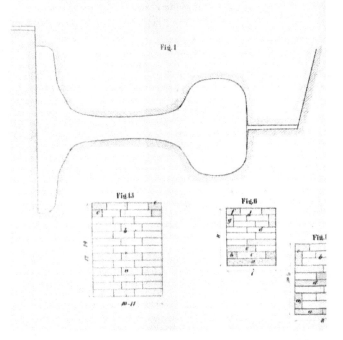

Abb. 6: Profil einer Eisenbahnschiene (Quelle: Köhler 1860; Faltblatt auf der letzten Seite)

8   Dies wird auch durch Auswertungen der Online-Archive der *Zeit* und des *Spiegel* gestützt.
9   Eines der ersten Computerspiele, in dem der Profil-(bzw. profile-)Begriff auftaucht, ist das Rollenspiel „Wizardy" von 1981.

Profilieren bezeichnet dabei nicht nur eine *De*skription, sondern in einigen Fällen auch eine *Prä*skription, also eine Vorschrift, die durch operatives Einwirken auf sich selbst, andere oder Objekte umgesetzt werden soll. Bereits im Festungsbau waren Profile einerseits Abbildungen und andererseits Konstruktionsvor-schriften (Freitag 1631, 60). Etwas zu profilieren bedeutet seit dem 17. Jahrhundert dementsprechend

> ,im Schnitt, im Umriß zeichnen, gestalten, anlegen, gliedern',
> dann ,die Oberfläche eines Gegenstandes mit Rillen,
> Kerbungen versehen', übertragen ,einer Sache, sich eine
> charakteristische Gestalt, Prägung geben' (Pfeifer et al. 2005,
> 1046).

Die letztgenannte Bedeutung findet sich seit dem 18. Jahrhundert und bis heute z.B. im Hinblick auf Reifen- oder auch Stahlprofile[10] wieder (Abb. 6).

Der Zusammenhang zwischen Profilieren und Profiliert-Werden ist vor diesem semantischen Hintergrund auch als Wechselspiel zwischen dem Abbilden des eigenen Selbsts und dem Ein-wirken auf das eigene Selbst zu veranschlagen. Der Profil-Begriff mäandriert semantisch gesehen also auf relativ spezifische Weise zwischen Selbstdarstellungen, Verdatung durch Dritte und dem operativen Einwirken und verschränkt diese Sphären miteinander.

Techniken und Praktiken

Die (historische) Semantik verweist bereits auf verschiedene historische Linien aktueller Praktiken und Techniken des Sich-Profilierens und Profiliert-Werdens u.a. in Bereichen der Darstellung, Erhebung, Registratur, Auswertung, Fahndung und des Managements. In einigen dieser Bereiche lassen sich

---

10   Eine Datenbank aktueller standardisierter Stahlprofile findet sich unter http://www.lssnet.de/profilelibrary/aspprofile.aspx. Letzter Zugriff am 16. Januar 2016.

Fälle beschreiben, in denen sich das Profiliert-Werden und das Sich-Profilieren systematisch miteinander verschränken. Einige dieser Verschränkungen sollen im Folgenden kursorisch am Beispiel einer Linie der Prüfung und Bewertung, die sich von den anthropometrischen Labors um 1900 bis zu gegenwärtigen Vermessungen im Bildungswesen erstreckt, skizziert werden.

Ein prominentes Beispiel für das Zusammenwirken beider Aspekte findet sich im „Anthropometrischen Labor" von Francis Galton aus dem 19. Jahrhundert:

> Um Messwerte von möglichst vielen Individuen zu erhalten, richtete Galton 1844 auf der „International Health Exhibition" in London ein anthropometrisches Laboratorium ein, in dem jeder Besucher gegen Entrichtung von threepence ,get himself and his children weighed, measured and rightly photographed, and have their bodyly faculties tested by the methods known to modern science' (Galton, 1883). Über die Resultate bekam man ein Messblatt ausgehändigt. (Ameland et al. 2006, 28)

Anders als in den meisten anderen Fällen – zumal zu Zeiten Galtons – verschwand das Formular nicht gänzlich in den Akten der statistischen Büros, wie z.B. bei Volkszählungen, sondern wurde den vermessenen Personen in Kopie übergeben. Das Testergebnis war somit kein arkanes Geheimwissen, sondern wurde mittels des ausgehändigten Formulars zu einer partiellen Repräsentation des eigenen Selbst für ebendieses Selbst – mithin ein Angebot zur Vergewisserung als Subjekt. Dieser Sachverhalt scheint ein Aspekt zu sein, warum es den (insgesamt immerhin 9000) Testpersonen damals drei Pence – was je nach Umrechnungsmodell heute mehreren Pfund entsprechen würde[11] – wert war, sich vermessen zu lassen. Wie der Psychologe Jens Asendorpf feststellt, war Galtons Arbeit mittels des

---

11   Ausgerechnet auf http://measuringworth.com. Letzter Zugriff am 30. Januar 2014.

Anthropometrischen Labors „eine der seltenen Studien, in denen
die Versuchspersonen die Psychologen bezahlen und nicht umgekehrt".[12] In der Rückschau lässt sich argumentieren, dass die
Versuchspersonen das Profiliert-Werden nicht zuletzt zur eigenen
Selbstprofilierung nutzten. Ein Teil dieser Selbstprofilierung
wurde dabei von Logiken des Wettbewerbs (mit anderen ebenso
wie mit dem eigenen Selbst durch mehrfache Vermessungen
über lange Zeiträume) unterstützt, die Galtons Einschätzung
nach ein zentraler Grund waren, „[to] put yourself in trouble of
being measured, weighed, and otherwise tested?" (Galton 1980,
236f.). Dieser Aspekt wurde in der US-amerikanischen Eugenik-
Bewegung[13] im Rahmen der *Fitter Family Contests*, die zwischen
dem Ersten und dem Zweiten Weltkrieg in verschiedenen Teilen
des Landes ausgerichtet wurden, aufgegriffen und systematisiert
(bzw. gamifiziert). (Wippich 2012) Während der Wettbewerbs-
gedanke in Galtons Labor eher implizit implementiert war,
wurde in den *Fitter Family Contests* explizit um die Trophäe für

12   Asendorpf 2007, 196. Dies ist übrigens eine Konstellation, die sich bei gegen-
      wärtigen Profilierungspraktiken z.B. bei Parship in ähnlicher Form findet;
      Facebook weist dagegen explizit darauf hin, dass die Nutzung kostenlos
      ist, was jedoch ebenfalls suggeriert, man würde ein wertvolles Produkt
      erwerben, das man eigentlich zu bezahlen hätte.

13   Uwe Wippich fasst Galtons Eugenik-Verständnis anhand zweier
      Zitate pointiert zusammen: „Das Bemühen um das Leben zukünftiger
      Generationen erfordert nach Francis Galton (1822–1911) das Studium
      dafür in Frage kommender *agencies*; Faktoren, welche für die aktuell noch
      Ungeborenen prägend sein können. Ein entsprechendes Zitat Galtons
      von 1904 war über Jahrzehnte der Zeitschrift *Eugenics Review* (1909-1968)
      auf dem Cover oder im Editorial vorangestellt. ‚Eugenics is the study of
      agencies under social control that may improve or impair the racial qualities
      of future generations, whether physically or mentally'. Bereits 1883 hatte
      Francis Galton sein 1869 in *Hereditary Genius* entwickeltes Konzept einer ver-
      haltensgenetischen Verbesserung durch Anwendung der Vererbungslehre
      auf Intelligenz und Talent als ‚Eugenik' bezeichnet. Eine weitere Definition
      Galtons in einem Vortrag vor der soziologischen Gesellschaft an der School
      of Economies der Londoner Universität am 14. Mai 1904 etablierte Eugenik
      zugleich als Wissenschaft: ‚Eugenics is the science which deals with all
      influences that improve the inborn qualities of a race; also with those that
      develop them to the utmost advantage'" (Wippich 2012, 98).

die fitteste Familie ‚gekämpft'. Sowohl diese Wettbewerbe als auch die Messungen Galtons waren dabei, wie Wippich heraus- arbeitet, keineswegs nur Jahrmarktspielereien, sondern standen in engem Bezug zu staatlichen Registraturen und anhängigen Bevölkerungs-, Wirtschafts- und Bildungspolitiken. Das im Wettbewerb für sich selbst vergewisserte Subjekt ist (bio-) politisch gesehen immer auch das Subjekt als Kleinstelement der Bevölkerung innerhalb der Registratur, das operative Einwirken der Subjekte auf sich selbst mit dem kollektiven operativen Ein- wirken durch staatliche Programme verschränkt. Eine ähnliche Konstellation findet sich im Bildungsbereich – insbesondere im Schulsystem seit dem 19. Jahrhundert – der die Subjekte durch deren Registratur, Prüfungen, Benotungen und die Rück- spielung der Ergebnisse in Form von Zeugnissen konstituiert. Wie bei Galtons Labor geht es dabei oftmals um die Erhebung bestimmter Eigenschaften und den Vergleich mit anderen in einer Art Wettbewerb, also der Selbstprofilierung im Profiliert- Werden. Nicht zuletzt aufgrund dieser Strukturähnlichkeiten plädiert Galton in einem Artikel von 1874 explizit für anthropome- trische Erhebungen in Schulen (Galton 1874, 309). In Schulen ist das sich selbst profilierende ‚Menschenmaterial' immer schon in Registraturen erfasst und damit bürokratisch verfügbar. Um z.B. SchülerInnen fortlaufend bewerten zu können, müssen sie in dem Sinne zurechnungsfähig sein, dass sie mit einer Art Akte verknüpft sind, in die Bewertungen eingetragen werden. Das Konzept der Prüfung ist, folgt man Michel Foucault, mit jenen der Registratur und der Akte genealogisch verbunden (exemplarisch Foucault 1977, 243f.). Die Subjektposition des Schülers bzw. der Schülerin konstituiert sich somit zentral über ihre Profilierung. Ohne in einer Registratur erfasst zu werden, sind die (Prüfungs-) Handlungen im Schulsystem bedeutungslos – erst das aus der Registratur generierte Zeugnis als Leistungsprofil zertifiziert den Bildungserfolg und ermöglicht die Selbstprofilierung. Denn kom- plementär zum Register produziert das Schulsystem fortwährend Prüfungssituationen und (meist formalisierte) Repräsentationen der Ergebnisse, die die SchülerInnen dazu anhalten, sich selbst zu profilieren, also durch bestimmte Leistungen möglichst positiv in Erscheinung zu treten und operativ an den eigenen Leistungen zu arbeiten (ggf. auch im Vergleich bzw. Wettbewerb mit anderen). Universitäten und die dort geführten Matrikel bilden eine ähnliche Konstellation. Während man hinsichtlich der Schule durch die Schulpflicht noch von einem Zwangsapparat der Profilierung sprechen könnte, ist die Profilierung in der Universität (soweit der Begriff überhaupt zulässig ist) freiwillig. Studierende profilieren sich dabei (z.B. durch die Wahl des Studiengangs, die Zusammenstellung der Veranstaltungen und die dort erbrachten Leistungen) auf Grundlage der Gewissheit, dass sie registriert und also profiliert werden.[14] Das Herausfallen aus der Matrikel, die Exmatrikulation also, und damit ein Entkommen der Erfassung und Profilierung ist dabei im Allgemeinen kein Heilsversprechen, sondern eine Drohung. Vor diesem Hintergrund scheint es nur konsequent, dass sich mit Facebook das Konzept einer SNS, die auf dem Eintragen in eine Registratur, der fortwährenden Selbstdarstellung und gegenseitigen Bewertung (die zu Beginn ja sogar die Kernfunktion darstellte) und der operativen Arbeit am eigenen Selbst, gerade an einer Universität so erfolgreich konnte.

Entgrenzungen und Problematisierungen

Die ebenso alte wie systematische Verschränkung von Profilierung durch andere und Selbstprofilierung im Bildungssystem wird jedoch zunehmend problematisiert. Ein prominentes gegenwärtiges Beispiel ist der Einsatz sogenannter *Learning Analytics Verfahren*, bei denen die traditionellen Erfassungs- und Auswertungstechniken konzeptionell um automatisierte Verfahren der Datenerhebung und -analyse erweitert werden (exemplarisch Ferguson 2012). Ein zentrales Ziel dabei ist es, aus vielfältigen Datenbeständen (von *Lern Management Systemen*

---

14   Passend dazu auch die Reihe der Zentralen Studienberatung der TU Braunschweig (seit 2010), Hg. *Studieren mit Profil: Masterstudiengänge der TU Braunschweig*. Braunschweig: TU Braunschweig.

wie Moodle oder auch SNS) „learner profiles" zu erstellen, z.B. um Lernenden adaptiv solche Lerninhalte zu präsentieren, die ihrem Profil angemessen sind, oder jene Lernenden zu warnen, die Gefahr laufen, mit dem Stoff nicht schnell bzw. gut genug zurechtkommen, und ihnen Förderangebote anzuempfehlen (Siemens 2012, 310). Auch wenn die Datenmenge deutlich größer ist und der Aspekt der Automatisierung eine neue Qualität einbringt, finden sich im Grunde bereits im frühen 20. Jahrhundert z.B. in den Intelligenztests Alfred Binets (Funke 2006, 35f.) und den Profilen von Karl Bartsch (1926) ähnliche Verfahren (insbesondere hinsichtlich der Wahl der geeigneten Schulform). Trotz der langen Tradition von Praktiken des Sich-Profilierens und Profiliert-Werdens im Bildungssystem werden jedoch just an dieser Stelle Fragen zu Datenschutz und *Privacy* aufgeworfen. Rebecca Ferguson schreibt dazu:

> With tools growing more powerful and their reach increasing, concerns about ethics and privacy began to surface. Should students be told that their activity is being tracked? How much information should be provided to students, faculty, parents, issuers of scholarships and others? How should faculty members react? Do students have an obligation to seek assistance? (Fergusen 2012, 311)

Die in den semantischen Gehalten des Profil-Begriffs sich verschränkenden Aspekte der Selbstdarstellung, Verdatung durch Dritte und dem operativen Einwirken auf das Selbst, so könnte man auf Grundlage der von Ferguson gestellten Fragen vor dem Hintergrund der historisierenden Skizze verallgemeinern, scheinen also nicht per se problematisch. Sie werden es vor allem in dem Moment, in dem die Profilierten nicht wissen, dass und von wem sie profiliert werden und aus der Profilierung potenziell persönliche Konsequenzen resultieren. Während die traditionellen Erfassungen und Auswertungen im Bildungssystem einigermaßen transparent zurückgespielt wurden und abgrenzbar waren, werden die Datenbanken und Algorithmen im Rahmen von *Learning Analytics* zu einem gewissen Grad opak und interoperabel mit anderen, vormals ebenfalls abgegrenzten Konstellationen aus Selbst- und Fremdverdatung. Gleichzeitig hat die Zahl derartiger Konstellationen in den letzten Jahren aus verschiedenen Gründen zugenommen. Im Vergleich zu Galtons Zeiten haben sich z.B. sowohl wesentlich mehr Imperative und Möglichkeiten, sich fortwährend selbst zu profilieren, etabliert, als auch mehr Möglichkeiten und Notwendigkeiten, profiliert zu werden. Die Imperative zur fortwährenden Selbst-Profilierung lassen sich dabei beispielsweise mit der Auflösung fester sozialer Strukturen und Inklusionsinstanzen (Luhmann 1993, insb. 154) und der Ökonomisierung des Selbst als Unternehmer auf flexibilisierten (Arbeits-)Märkten (exemplarisch Bröckling 2007) in Verbindung bringen. In einer ständischen Gesellschaft ohne Mobilität ist das Profil quasi durch Geburt festgelegt, auch der (Aus-)Bildungsweg vorgezeichnet und so scheint es wenig zweckdienlich, sich über die Leistung innerhalb der begrenzten Möglichkeiten hinaus zu profilieren. Durch den Wegfall gerade dieser festgelegten Pfade und vorgegebenen Profile ergibt sich eine Obligation für die Subjekte, die Profilierung selbst herzustellen und so scheint es kein Zufall, dass die „Profilneurose" ein Produkt des (späten) 20. Jahrhunderts ist.[15] Gleichzeitig zur gesteigerten Notwendigkeit der Selbst-Profilierung hat die systematische Datenerfassung durch staatliche und wirtschaftliche Akteure seit Beginn der Moderne deutlich zugenommen – nicht zuletzt, um den im Lauf des 19. Jahrhunderts emergierenden Kontrollkrisen zu begegnen, wie es James R. Beniger (1986) beschrieben hat. Beniger konstatiert einen gesteigerten Kontrollverlust der staatlichen und ökonomischen Bürokratie aufgrund der Dynamiken der Industrialisierung, der zu gesteigerter Verdatung und der Etablierung neuer Informationsverarbeitungstechniken führt. Entwicklungen

---

15 Umgangssprachlich findet sich der Begriff beispielsweise in Lexikonredaktion des Bibliographischen Instituts (1984). In Fachlexika findet der Begriff (als alltagspsychologischer) erst um die Jahrtausendwende Eingang (exemplarisch Wenniger 2001).

wie Dynamisierung, Flexibilisierung und Mobilität, so könnte
man es zusammenfassen, erfordern sowohl auf Seiten des Subjekts, als auch auf Seiten der Verwaltung fortwährende Kontrolle und fortwährendes *Matching* (untereinander sowie mit
Anforderungen und Strukturen), das seinerseits fortwährendes
Sich-Profilieren und Profiliert-Werden erfordert. Auf beiden
Ebenen fungieren Medien zur (automatisierten) Datenverwaltung
dabei gewissermaßen als Katalysator, da sie, folgt man Beniger,
als kompensatorisches Produkt der Kontrollkrise die Erfassung,
Speicherung, Übertragung, Prozessierung und Darstellung von
Daten und damit die Erstellung von Profilen ermöglichen und
vereinfachen: von den Formularen in Galtons Büro und den *Fitter
Family Contests* über Matrikel, Prüfungsregister und Zeugnisse
bis zu den Datenbanken und Algorithmen im Kontext der angesprochenen *Learning Analytics*. Die Tatsache, dass heute kaum
ein Lebensbereich ohne den Einsatz von Verwaltungsmedien
in Form von Computertechnologie auskommt, führt damit zu
einer Vervielfältigung der Möglichkeiten, sich zu profilieren und
profiliert zu werden. Das Profil-Konzept gewährleistet dabei
eine funktionale Interoperabilität zwischen den verschiedenen
Ebenen und Lebensbereichen, die in den semantischen Gehalten
bereits aufscheinen: Was bei der Selbstprofilierung als Merkmal
zur Selbstdarstellung genutzt wird, kann auch als Merkmal innerhalb jener Profile genutzt werden, die Dritte erstellen, und die
Merkmale, die in Registern abgelegt sind, können ggf. zur Selbstdarstellung genutzt werden usw. Dabei herrscht – beispielsweise
im Unterschied zu den klar abgegrenzten Erhebungen in Galtons
Labor oder der Schule – durch die automatisierte Erfassung
von Daten bei der Online-Kommunikation, die im Nachgang
potenziell zu unterschiedlichen Zwecken von Dritten ausgewertet
werden können, eine entgrenzte und zumindest potenziell per-
manente Laborsituation vor. Zusätzlich ist der Profil-Begriff vor
dem Hintergrund seiner historisch gewachsenen semantischen
Gehalte in der Lage, auch eine diskursive Interoperabilität herzustellen, da er ähnliche, aber doch unterschiedliche Praktiken
und Techniken bezeichnet. Mit Jürgen Link (1997, 50) kann er als

inter(spezial)diskursiv veranschlagt werden, insofern er Spezial-
diskurse z.B. zum Datenschutz, zu Computertechnologie und zu
Marketing untereinander (insofern wäre er interspezialdiskursiv
funktional) sowie mit dem Elementardiskurs (insofern ist er inter-
diskursiv funktional) integriert.

Vor diesem Hintergrund ist eine These, dass Diskurse zu Datenschutz und *Privacy* mit Bezug zum Profil-Konzept, wie sie
exemplarisch hinsichtlich der *Learning Analytics* angesprochen
wurden, u.a. aufgrund der gegenwärtigen Unüberschaubarkeit
und permanenten Potenzialität der Zusammenhänge und Inter-
operabilitäten zwischen verschiedenen Profilierungen sowie
aufgrund der Interdiskursivität des Begriffs selbst entstehen. Veranschlagt man *Privacy-Diskurse* dementsprechend als Symptom
einer solchen Konstellation und nicht als Ort für deren Reflexion,
lassen sie sich ggf. umgekehrt von einer Historisierung der Profilierung aus reflektieren. Das *Privacy-Paradox* (Barnes 2006;
jüngst auch Taddicken 2014) beispielsweise, das die Angst um die
eigene Privatsphäre bei gleichzeitig bereitwilliger Datenpreisgabe
auf einen Begriff bringt, könnte aus dieser Perspektive als reines
Oberflächenphänomen des sehr alten und erst gegenwärtig aus
der Unüberschaubarkeit heraus problematisierten Zusammen-
spiels des Sich-Profilierens und Profiliert-Werdens verständlich
gemacht werden. Denn im Hinblick z.B. auf SNS übersieht es die
historisch exemplarisch u.a. an Galtons Labor und verschiedenen
Verfahren im Bildungskontext nachvollziehbare, subjektkon-
stituierende Wechselbeziehung zwischen dem gewollten Sich-
Profilieren und dem in Kauf genommenen Profiliert-Werden.
Sich selbst repräsentativ zu profilieren ist immer schon darauf
angewiesen, registrativ profiliert zu werden. Gegenwärtig
scheinen einzig Aspekte wie Intransparenz und Interoperabilität
gesteigert und der *Privacy-Diskurs* eher Symptom denn eine analytisch hilfreiche Instanz. Denn der Zusammenhang zwischen den
zwei Seiten der Medaille der Profilierung wird erst im *Privacy-Diskurs* zum Paradox und damit (vermeidbar) unerklärlich.

Literatur

Ameland, Manfred et al. 2006. *Differentielle Psychologie und Perseonlichkeits-forschung.* Stuttgart: Verlag W. Kohlhammer.

Andrejevic, Mark. 2011. „Facebook als neue Produktionsweise". In *Generation Facebook: Über das Leben im Social Net*, herausgegeben von Oliver Leistert und Theo Röhle, 31–49. Bielefeld: Transcript.

Asendorpf, Jens B. 2007. *Psychologie der Persönlichkeit.* 4., überarbeitete und aktualisierte Auflage. Heidelberg: Springer.

Barnes, Susan B. 2006. "A Privacy Paradox: Social Networking in the United States". *First Monday* 11 (9).

Bartsch, Karl. 1926. *Das Psychologische Profil und seine Auswertung für die Heilpädagogik: Ein Beitrag zur Erforschung der psychischen Funktionen des normalen und des anormalen Kindes.* Halle: Carl Marhold.

Beniger, James R. 1986. *The Control Revolution: Technological and Economic Origins of the Information Society.* Cambrigde: Harvard University Press.

Bibliographisches Institut, Hg. 1984. *MEYERS GROSSES UNIVERSALLEXIKON*, Band 11. Mannheim/Wien/Zürich: Bibliographisches Institut.

Bittner, Jochen. 2001. „Gesucht: Männlich, arabisch, kinderlos, reisefreudig". *Die Zeit*, 4. Oktober.

boyd, danah m. und Nicole B. Ellison. 2007. „Social Network Sites: Definition, History, and Scholarship". *Journal of Computer-Mediated Communication* 13 (1), article 11. http://jcmc.indiana.edu/vol13/issue1. Letzter Zugriff am 03. Januar 2016.

Bröckling, Ulrich. 2007. *Das unternehmerische Selbst Soziologie einer Subjektivierungs-form.* Frankfurt a.M.: Suhrkamp.

Burnett, John und Alan Bush. 1986. „Profiling the Yuppies". *Journal of Advertising Research* 26 (2): 27–35

Davidson, Jim. 1982. „Natural Language Access to Databases: User Modeling and Focus". In *Proceedings of the Fourth Biennial Conference of the Canadian Society for Computational Studies of Intelligence: University of Saskatchewan, Saskatoon, Saskatchewan, 17 –19 May, 1982*, herausgegeben von Canadian Society for Computational Studies of Intelligence. Toronto: Canadian Society for Computational Studies of Intelligence.

Devery, Christopher. 2010. „Criminal Profiling and Criminal Investigation". *Journal of Contemporary Criminal Justice*, 26 (4): 393–409.

Everling, Oliver, Hg. 2009. *Risikoprofiling von Anlegern: Kundenprofile treffend analysieren und in der Beratung nutzen.* Köln: Bank Verlag.

Ferguson, Rebecca. 2012. „Learning Analytics: Drivers, Developments and Challenges". *International Journal of Technology Enhanced Learning* 4 (5/6): 304–317.

Foucault, Michel. (1975) 1977. *Überwachen und Strafen: Die Geburt des Gefängnisses.* Frankfurt am Main: Suhrkamp.

Foucault, Michel. (1971) 2001. „Nietzsche, die Genealogie, die Historie". In *Michel Foucault. Schriften in vier Bänden. Dits et Ecrits. Band II. 1970–1975*, herausgegeben von Daniel Defert, Daniel und François Ewald, 166–191. Frankfurt a.M.: Suhrkamp.

Freitag, Adam. 1631. *Architectura militaris nova et actua, oder Newe vermehrte*
    Fortification. Leyden: Elzeviers.

Funke, Joachim. 2006. „Alfred Binet (1857–1911) und der erste Intelligenztest der
    Welt". In *Intelligenz auf dem Prüfstand – 100 Jahre Psychometrie*, herausgegeben
    von Georg Lamberti, 23–40. Göttingen: Vandenhoeck & Ruprecht.

Füssel, Stephan, Hg. 2008. *Städte der Welt: 363 Kupferstiche revolutionieren das
    Weltbild; Gesamtausgabe der kolorierten Tafeln 1572–1617; nach dem Original des His-
    torischen Museums Frankfurt = Civitates orbis terrarum von Georg Braun und Franz
    Hogenberg*. Hong Kong et al.: Taschen.

Galton, Francis. 1874. „Proposal to Apply for Anthropological Statistics from
    Schools". *Journal of the Anthropological Institute* 3: 308–311.

Galton, Francis. 1888. „A Morning with the Anthropometric Detectives. An Interview
    with Mr. Francis Galton, F.R.S." *Pall Mall Gazette*, 16. November.

Galton, Francis. 1890. „Why do we Measure Mankind?" *Lippincott's Monthly Magazine*
    45: 236–241.

Giese, Fritz. 1923. *Psychotechnisches Praktikum*. Halle: Wendt und Klauwell.

Groetker, Ralf. 2002. „Goldgräber in der Datenmine". *Die Zeit*, 02. April.

Heinrich, Dieter. 1990. *Profit durch Profil: Identitäts-Management; die zentrale Unter-
    nehmens-Idee: das Stärkste, was ein Unternehmen haben kann*. Stuttgart: Schäffer.

International Business Machines Corporation. 1990. *IBM OS/2 Extended Edition Ver-
    sion 1.2 Cookbook / International Technical Support Center, Austin, Tex. Teil: Database
    Manager – User Profile Management (Data Access Control): Document Number GG24-
    3559*. Research Triangle Park: IBM.

Klingst, Martin. 2001. „Datenschutz = Terroristenschutz? Unsinn!" *Die Zeit*, 04.
    Oktober.

Küpper, Heinz, Hg. 1984. *Illustriertes Lexikon der deutschen Umgangssprache: in 8
    Bänden. Bd. 6: Nase – Saras*. Stuttgart: Klett.

Lavater, Johann Caspar. (1776) 1968. *Physiognomische Fragmente, zur Beförderung der
    Menschenkenntnis und Menschenliebe. Band 2*. Zürich: Orell Füssli Verlag.

Link, Jürgen. 1997. *Versuch über den Normalismus: Wie Normalität produziert wird*. 2.,
    aktualisierte und erweiterte Auflage. Wiesbaden: Westdeutscher Verlag.

Luhmann, Niklas. 1993. „Individuum, Individualität, Individualismus". In *Gesell-
    schaftsstruktur und Semantik: Studien zur Wissenssoziologie der modernen Gesell-
    schaft*, Bd. 3, herausgegeben von Niklas Luhmann, 149–258. Frankfurt a.M.:
    Suhrkamp.

Musolff, Cornelia. 2006. „Täterprofile und Fallanalyse. Eine Bestandsaufnahme".
    In *Täterprofile bei Gewaltverbrechen: Mythos, Theorie, Praxis und forensische
    Anwendung des Profilings*, herausgegeben von Jens Hoffmann und Cornelia
    Musolff, 1–23. Heidelberg: Springer.

Nestlé Alimentana SA. 1960. *Nestlé im Profil*. Vevey: Nestlé.

Öttl, Christine und Gitte Härtel. 2004. *Schriftliche Bewerbung: it Profil zum Erfolg*.
    München: Gräfe und Unzer.

Pfeifer, Wolfgang et al. (1989) 2005. *Etymologisches Wörterbuch des Deutschen*.
    München: Deutscher Taschenbuch Verlag.

R. 1781. *Profile der Elb-Tieffen in der Gegend von Brunsbüttel im Sommer A[nn]o 1770 gemessen und Copir. Mense July A[nn]o. 1781.*

Schlosser, Otto. 1975. *Sozialwissenschaftliche Zusammenhangs-Analyse und Profil-Cluster-Analyse.* Berlin: Technische Universität.

Seitz, Christian. 2005. *Ein Framework für die profilbasierte Gruppenbildung in ad hoc Umgebungen.* Aachen: Shaker.

Siemens, George. 2012. „Learning Analytics: Envisioning a Research Discipline and a Domain of Practice". In *Proceedings of the 2nd International Conference on Learning Analytics and Knowledge,* herausgegeben von der ACM, 4–8.

Taddicken, Monika. 2014. „The ‚Privacy Paradox' in the Social Web: The Impact of Privacy Concerns, Individual Characteristics, and the Perceived Social Relevance on Different Forms of Self-Disclosure". *Journal of Computer-Mediated Communication* 19: 248–273.

Weich, Andreas. 2017. *Selbstverdatungsmaschinen: Zur Genealogie und Medialität des Profilierungsdispositivs.* Bielefeld: Transcript.

Wenniger, Gerd, Hg. 2001. *Lexikon der Psychologie in fünf Bänden. Band 3. M bis Ref.* Heidelberg/Berlin: Spektrum Akademie Verlag.

Wenzlau, Andreas. 2003. *KundenProfiling – Die Methode zur Neukundenakquise.* Erlangen: Publicis.

Wippich, Uwe. 2012. „Eugenische Daten – Die Datenbanken des Eugenics Record Office". In *Sortieren, Sammeln, Suchen, Spielen: Die Datenbank als mediale Praxis,* herausgegeben von Stefan Böhme, Rolf F. Nohr und Serjoscha Wiemer, 97–121. Münster: LIT Verlag.

Zedler, Johann-Heinrich et al. Hg. 1741. *Grosses vollständiges Universal-Lexicon Aller Wissenschafften und Künste, Welche bishero durch menschlichen Verstand und Witz erfunden und verbessert worden.* Leipzig und Halle.

Zentrale Studienberatung der TU Braunschweig, Hg. seit 2010. *Studieren mit Profil: Masterstudiengänge der TU Braunschweig.* Braunschweig: TU Braunschweig.

Abbildungen

Furttenbach, Joseph. 1635. *Architectura Universalis. das ist: von Kriegs-, Statt- u. Wasser-Gebäwen; erstlich, wie man d. Statthor u. Einlaß zu Wasser u. zu Land ... erbawen ; zum andern, wie im Stattgebäw d. Schulen ... zuverfertigen seyen ; drittens, in was Gestalt auff d. siessen fliessenden Wassern, d. wehrhaffte Flöß, sowol auch d. Schiff u. Formen also zuerbawen ... zum vierdten, e. Pulfferthurn, ingleichem e. Zeughauß nach rechter bequemer Manier zu erbawen,* 39f. Ulm: Meder.

Galton, Francis. 1884. *Antroprometric Laboratory.* London: William Clows and Sons. http://content.dnalc.org/content/c12/12082/12082.jpg. Letzter Zugriff am 14. Dezember 2016.

Hubbard, John. 2003. Proving Grounds on the Mad Overlord. http://www.tk421.net/wizardry/wiz1manual.shtml. Letzter Zugriff am 12. Januar 2017.

Köhler, H. 1860. *Über das Profil und die Fabrikation der Eisenbahnschienen.* Bochum: Stumpf.

Merian, Matthäus und Martin Zeiller. 1656. *Topographia Sveviae: Das ist Beschreib- vnd Aigentliche Abcontrafeitung der fürnembsten Stätt vnd Plätz in Ober vnd Nider Schwaben. Hertzogthum Würtenberg Marggraffschafft Baden vnd andern zu dem Hochlöbl: Schwabischen Craiße gehörigen Landtschafften vnd Orten.*

Rossolimo, Grigori Iwanowitsch. 1926. *Das Psychologische Profil und andere experimentell-psychologische, individuale und kollektive Methoden zur Prüfung der Psychomechanik bei Erwachsenen und Kindern,* 13. Halle: Carl Marhold.

R. 1781: *Profile der Elb-Tieffen in der Gegend von Brunsbüttel im Sommer A[nn]o 1770 gemessen und Copir. Mense July A[nn]o. 1781.*

Schlosser, Otto. 1975: Sozialwissenschaftliche Zusammenhangs-Analyse und Profil-Cluster-Analyse. Berlin: Technische Universität.

Ludologie

Wizardy (1981, Sir-Tech Software, CA)

KREDITSCORING

INFORMATIONALISIERUNG

RISIKO

PROGNOSTIK

DIGITALISIERUNG

COMPUTERISIERUNG

BANKAUTOMATION

[3]

Der informationelle Mensch

Martin Schmitt

Datenerhebungen und deren analytische Auswertung mit Hilfe von Computertechnologie wurden seit den 1960er Jahren zentraler Bestandteil des Geschäftsmodells bundesdeutscher Banken. Sie bildeten einen Grundpfeiler ihrer Marktorientierung in den 1970er Jahren, welche eine produktorientierte Absatzstrategie zunehmend ablöste. Das drückte sich unter anderem in steigender Privatkreditvergabe aus. Wie wirkte sich der digitale Wandel auf die Praxis der Kreditvergabe der Banken aus und wie veränderte sich ihr Bild vom Kunden? Den Fragen geht der Beitrag am Beispiel der Sparkassen nach und zeigt auf, wie der Mensch und dessen soziale wie ökonomische Eigenschaften innerhalb der Daten-Banken abgebildet wurde.

„Esse est computari"

(Zu sein ist, berechenbar zu sein).

– Christiane Floyd

Banken handeln „mit ‚Zahlungsversprechen', also mit Geld *und* Zeit" (Luhmann 1991, 8–9), so der Systemtheoretiker Niklas Luhmann im Januar 1990. Das heißt sie „übernehmen die geschäftliche Verantwortung für den Ausgleich von Zeitdifferenzen, die im Gesamtsystem Wirtschaft laufend anfallen" (ebd., 9). Kurz gesagt: Banken übernehmen permanent gesellschaftliches Risiko, beispielsweise in Form von Krediten, wofür sie sich entsprechend bezahlen lassen, in der Regel in Form von Zinsen. Trotz allem sind sie bestrebt, das Risiko, dass ein Zahlungsversprechen in der Zukunft nicht eingelöst wird, auf ein Minimum zu reduzieren, ohne sich selbst um ein erträgliches Geschäft zu bringen. Hierfür optimierten sie seit den 1960er Jahren ihre Mechanismen des Risikomanagements, die bis heute vordringliche Bedeutung behalten. Die digitale Verarbeitung von Daten bildete die zentrale Grundlage für die Banken, bei einer zunehmend komplexer werdenden Realität ihr Geschäftsrisiko gering zu halten. In diesem Beitrag werden drei Thesen in Hinblick auf die Entwicklung der Datenverarbeitung in bundesdeutschen Sparkassen vertreten und am Beispiel ihrer Privatkreditvergabe analysiert:

1. Die Erfassung, Verarbeitung, Analyse und Speicherung von Kundendaten versuchten die Sparkassen zur Prognose der Zukunft zu nutzen, beispielsweise bei der Kreditvergabe. Damit bildete die Kreditwirtschaft eine der ersten Branchen in der Bundesrepublik, die Daten als ihre zentrale Ressource in der digitalen Moderne ansahen.

2. Die Zusammenführung und Nutzung der Kundendaten erfolgte im Zuge einer stärker marktorientieren Absatzstrategie der Sparkassen als Universalinstitute.

3. Innerhalb dieses Prozesses kam es zu einer Informationalisierung des Menschen, das heißt seiner abstrakten Repräsentation in binär-digitalem Code. Der bankeninternen Abbildung des Kunden schrieben die Mitarbeiter eine universelle, objektive Gültigkeit zu. Die Informationalisierung des Menschen bildete eine Kolonisation der Zukunft, insofern sie sein Verhalten antizipierte wie auch präformierte.

Die Sparkassen in der Bundesrepublik eignen sich zur Beantwortung der Frage nach einer Informationalisierung des Kunden seit den 1960er Jahren besonders gut. Erstens besaßen sie eine große Kundenbasis in allen Bevölkerungsschichten und Landesteilen. Lässt sich tatsächlich eine Informationalisierung des Menschen auf breiter Basis feststellen, dann am ehesten bei den Sparkassen mit ihrem heterogenen Kundenstamm, so die Vorannahme. Zweitens investierten sie im Vergleich zu anderen Branchen bereits früh in Informationstechnologie, was dazu führte, dass sie sich dementsprechend früh mit neuen Nutzungsformen des Computers auseinandersetzen. Die zentralen Beiträge zum Kredit-Scoring in Deutschland erschienen in den Fachblättern der Sparkassen.

Begriffsbildung: Informationalisierung

Informationalisierung bezeichnet die Repräsentation des Menschen in binär-digitalem Code. Der Begriff grenzt sich dezidiert vom Quellenbegriff der *Informatisierung* ab. Geprägt wurde letzterer von den französischen Sozialwissenschaftlern Simon Nora und Alain Minc (Nora und Minc 1979; Wersig und Buder 1983). Sie zielten mit dem Begriff der Informatisierung analytisch auf eine gesamtgesellschaftliche Ebene ab und wollten damit, ähnlich dem Begriff der Computerisierung, die

Durchdringung aller Lebensbereiche mit Informations- und Kommunikationstechnologien (IKT) im sozialen Prozess der Erfassung und Nutzung von Information beschreiben. Dementsprechend eng ist er mit der Annahme eines gesellschaftlichen Übergangs von der Industrie- in die Wissens- oder Informationsgesellschaft verknüpft. Davon soll sich die hier erfolgende Begriffsbildung insofern abgrenzen, als dass der Schwerpunkt auf dem Vorgang der Digitalisierung liegt, also der Repräsentation von Subjekten und Objekten in binär-digitalem Code. Zweitens rückt der Ansatz das einzelne Subjekt und dessen Zusammenhang zu den IKT stärker in den Mittelpunkt. *Informationalisierung* ist eine begriffliche Teilmenge der Digitalisierung mit direktem Bezug auf den Menschen; zudem vermeidet es die mit der Fortschrittsmetapher verbundene Konnotation von „digital" als dem Besseren (Schröter 2004, 7). Drittens soll er als kritischer Analysebegriff ein Gedankenmodell aufzeigen, das von einer universellen Repräsentierbarkeit aller Dinge durch Informationstechnologie ausgeht, der sogenannten *computational metaphor* (Golumbia 2009, 1–27).[1]

Vor allem in der Kreditvergabe der Banken der Bundesrepublik lassen sich dieses Denken und die daraus resultierenden Praktiken vortrefflich erfassen. Darüber hinaus wird der Begriff Informationalisierung gegenüber dem Quellenbegriff der Verdatung gewählt, weil durch die Abbildung des Menschen im Computer seine Daten in Kontext und Wirklichkeitshandeln gesetzt werden – und damit nicht mehr Daten, sondern Informationen sind. Die Daten in den Systemen der Banken unterlagen einer dynamischen, ständigen Re-Kontextualisierung im Moment der Handlung, einer *Instanzierung* im Programmablauf (Floyd 1999). *Informationalisierung* bildet damit die zugehörige Prozessbeschreibung zum Begriff des *Informationellen*

---

1   Die Annahme eines umfassenden Übergangs unserer Gesellschaft von der Industrie- zur Informationsgesellschaft findet ihren Ursprung in dieser Metapher universeller Repräsentierbarkeit aller Dinge mittels Informations- und .Kommunikationstechnologien.

in Referenz beispielsweise auf die Entscheidung des Bundesverfassungsgerichtes zur „informationellen Selbstbestimmung"
(BVerfG 1983).

Die Genese des Urteils des Bundesverfassungsgerichtes ist in
den Kontext der kybernetischen Planungs- und Steuerungs-
utopie einzuordnen, die in Ost- wie Westdeutschland Ende der
1960er-Jahre virulent war. Wilhelm Steinmüller, Jurist und vom
Bundesinnenministerium 1971 damit beauftragt, ein Gutachten
zum Datenschutzrecht zu erstellen, prägte den Begriff der
informationellen Selbstbestimmung dezidiert in Anlehnung an
die rechtskybernetische Literatur der DDR (Steinmüller 1971). Dort
war die Kybernetik erster Ordnung als Traum zur Optimierung der
reformbedürftigen wirtschaftlichen Prozesse durch Informations-
gewinnung, -speicherung und -verarbeitung mit Informationstechnologie Ende der 1960er-Jahre zu einer Leitwissenschaft
aufgestiegen. Die kybernetische Utopie befeuerte in der DDR wie
in vielen sozialistischen Ländern eine forcierte Computerisierung
zwischen 1969 und 1972 (Schuhmann and Danyel 2015, 293–295).
Die Erfahrung, welche Auswirkungen gesamtgesellschaftliche
Informationsverarbeitung dabei innerhalb eines repressiven
Systems haben konnte, rezipierte Steinmüller in kybernetischer
Manier beispielsweise bei dem DDR-Juristen Günter Herzog.
Dieser hielt 1968 fest:

> Es ist für eine Person nicht gleichgültig, was über sie in der
> Umwelt gewusst wird, denn dieses Wissen, das aus Indivi-
> dualinformationen besteht, fließt in veränderter Form als
> Reaktion der Umwelt in diese Person zurück und beeinflusst
> so ihre Entfaltung. (Herzog 1968, 783)

Die Kreditvergabe unter den Bedingungen der IKT

Die Ausgangssituation für jede Bank bei der Kreditvergabe lautet:

> Das Risiko bei den Entscheidungen der Kreditinstitute über Gewährung oder Ablehnung von Neuanträgen, Erhöhung der Kreditlinien, Prolongationen usw. liegt in der Unkenntnis darüber, ob der Kreditnehmer den Kreditvereinbarungen nachkommen wird und den Kreditbetrag ordnungsgemäß tilgt und verzinst (Bräutigam und Küllmer 1972, 6).

Mit dem Aufstieg des *Operational Research* als quantitativer Methode der Entscheidungsunterstützung aus dem Kontext des US-amerikanischen Militärs und der sie befeuernden Computertechnologie ab den 1960er Jahren bot sich den Kreditinstituten eine attraktive Möglichkeit der Risikominimierung, die Gewinne bei kalkulierbarem Risiko versprach. Vor allem durch den Einsatz von Datenbanktechnologien zur Integration der Kundendaten und der Erzeugung objektivierter Kennzahlen erwarteten Kreditentscheider und das Bankmanagement eine optimale Entscheidungsfindung (Haigh 2007). Die darauf basierende Praxis schloss an bereits bekannte Muster der Kreditvergabe an: die Analyse der Kundendaten aus Gegenwart und Vergangenheit, benutzt zur Abschätzung des zukünftigen Verhaltens eines Kunden. Neu war deren weitreichende Verknüpfung und Verabsolutierung, während sie zuvor nur eine unter vielen Entscheidungsgrößen geblieben waren. Kondensiert in einer einzigen Ziffer sollte mittels des algorithmisch berechneten *Kredit-Score* das Risiko einer ausbleibenden Kreditrückzahlung auf einen Blick ersichtlich werden. Im Gegensatz zu einer persönlichen Abwägung nach Analyse der Daten versprach der *Kredit-Score* eine vorgeblich rationale Einschätzung und damit die Planbarkeit der Zukunft. Im vorliegenden Beitrag soll das anhand von

Kleinkrediten der Sparkassen an Privatkunden analysiert werden,
da hier Informationalisierung breitenwirksam wurde.[2]

Kleinkredite waren im Verlauf des 20. Jahrhundert
keineswegs selbstverständlich. Erst parallel zur umfassenden
Computerisierung der Banken vollzog sich ein gesamtgesell-
schaftlicher Kulturwandel. Als Individuum einen Kredit für
den Konsum aufzunehmen galt in den 1950er Jahren noch als
Charakterschwäche. Zum Ende der Dekade deutete sich ein
Wandel an, wenn nun ein Institutsvorstand, wie derjenige der
Sparkasse Gelsenkirchen, anerkannte: „Selbstverständlich steht
die Sparkassenorganisation nach wie vor auf dem Standpunkt,
daß *zunächst zu sparen und dann erst zu kaufen sei*", die Kunden
wünschten aber nun mal Kaufkredite und es sei „der alten
Kundschaft nicht zu verdenken, daß sie diese Kreditgeschäfte
nicht mit *fremden* Instituten abwickeln wollten" (Die Zeit 1959,
Hervorhebung i.O.). Die Kaufkraftbasis der Gesellschaft veränderte sich und gleichzeitig nahm der Wettbewerb unter den
Instituten zu. Die Sparkassen hatten dabei in der Geschäftssparte
des Personalkredites, die ihnen ursprünglich vom Gesetzgeber
verwehrt geblieben war, in den direkten Nachkriegsjahren erste
Erfahrungen gesammelt, als sie vor allem mittelständischen
Unternehmern Kredit gewährten. Ab 1952 boten sie daran
anschließend erstmals zweckgebundene „Kaufkredite" zur
Konsumbefriedigung an. Quantitativ spielten diese zwar noch
keine große Rolle, dennoch stellten die neuen Kreditformen eine
erste Bewegung weg vom Credo „Erst sparen, dann kaufen" dar.
Kaufkredite bildeten den Auftakt einer grundsätzlichen Ausweitung der Tätigkeiten der Sparkassen zur Konsumbefriedigung
in einer sich ausbildenden Massenkonsumgesellschaft (Ashauer

2   Deutlich häufiger und früher kamen solche Scoring- oder Benchmarking-
    systeme in der Bewertung von Unternehmenskrediten vor, da dort höhere
    Summen bei leichter abstrahierbaren Werten wie den Unternehmens-
    kennzahlen vorlagen. Die dort erprobten Mechanismen, die sich zuvor
    nur auf eine begrenzte Zahl an Unternehme(r)n beschränkte, setzten die
    Sparkassen bei steigendem Kostendruck auch im Massengeschäft ein.

1989, 68–75; Pohl 2000, 104). Während die Sparkassen Ende der 1950er-Jahre beim Angebot persönlicher Kleinkredite bis zu 2000 DM gegenüber den Großbanken aufschließen mussten, weil sie der Entwicklung anfangs skeptisch gegenüber gestanden hatten, zeigte sich ihr Mentalitätswandel am deutlichsten bei der Einführung des Dispositionskredites. Hier waren sie Vorreiter einer finanztechnischen Neuerung, Privatkunden ohne zusätzliche Verhandlungen bis zu einer individuell festgesetzten Höchstgrenze sowie festen Zinssätzen flexibel Kredit zu gewähren – in der heutigen Form erstmals praktiziert 1968 in der Kreissparkasse Köln (Mura 1994, 186).

Abgesichert wurde das in den Augen der Sparkassendirektoren risikoreiche Betätigungsfeld dadurch, dass bei „Auskunfteien Auskünfte einzuholen und selbst zu erteilen" (Die Zeit 1959) seien, beispielsweise bei der seit 1927 gegründeten und Ende der 1950er-Jahre regen Zulauf erfahrende Schutzgemeinschaft für allgemeine Kreditsicherung, kurz Schufa (Frohman 2012). Es ist anzunehmen, dass die Sparkassen im Laufe ihrer Computerisierung zunehmend begannen, parallel zur Nutzung der Schufa interne Datenbanken aufzubauen, statt ihr nur als Datenlieferant wie Datenkonsument zu dienen. Nichtsdestotrotz blieb die Verbindungen zwischen Schufa und den Kreditinstituten über die Zeit sehr eng. Während die Schufa sich auf die Frage spezialisierte, welche Kreditverhältnisse eine Person zu einem bestimmten Zeitpunkt bei verschiedenen Anbietern unterhielt und wie sie diese bediente, beschränkte sich die Reichweite der Sparkassen auf die internen Daten – war dafür aber nicht rein auf Kreditverhalten beschränkt. Einmal gesammelte Daten nutzen die Sparkassen für weitere Zwecke wie dem Ausbau des Produktportfolios im Übergang zu umfassenden Dienstleistungsinstituten (Belvederesi-Kochs 2008).

Kredit-Scoring als *individuelles Einzel-bewertungsverfahren*: Datenerhebung und Informationalisierung

Welche Daten wurden dabei für die interne Beurteilung einer Kreditvergabe vom Kunden abgefragt? Hier handelte es sich um weit mehr als nur die Stammdaten wie Name, Adresse, Kontonummer und Kontostand. Bei der Kreditwürdigkeitsprüfung wurde sowohl die Bonität des Schuldners als auch die Beurteilung seiner Persönlichkeit in Bezug auf seine Zuverlässigkeit und Zahlungswilligkeit zu Rate gezogen. Ziel des *Kredit-Scoring* war es dann, „aus der Anzahl der verschiedenen qualitativen und quantitativen Merkmale eines Kreditnehmers diejenigen Merkmale, die einen statistisch gesicherten Einfluß auf die Kreditrückzahlung ausüben" von denen zu trennen, „die nicht auf das Kreditrisiko einwirken" und sie „zugleich mit einer Punktzahl zu gewichten" (Bräutigam und Küllmer 1972, 6). Abgefragt, für relevant erachtet und verwertet werden konnten von Sparkassen Daten wie Alter, „Ehestand, Aufenthalt am letzten Wohnort, Beschäftigungsdauer am letzten Arbeitsplatz, Anzahl der Kinder" oder Besitzverhältnisse wie „Eigentümer einer Wohnung, Eigentümer eines Autos, [...] Besitz eines Telefons" (ebd., 7 u. Tab. 1). Hier floss auch die Bewertung des Kunden durch die Schufa mit ein (Siegel und Degener 1989, 456). Der Computer berechnete daraus den individuellen Kredit-Score eines Kunden. Dieser Wert wurde anschließend mit der „im Hinblick auf den Ertrag und das Kreditrisiko optimalen Punktzahl" verglichen, „die ein Kreditnehmer mindestens erreichen sollte" (ebd.). Erreichte er sie nicht, war der Kredit abzulehnen. Die Letztentscheidung blieb zwar in der Regel immer beim Sachbearbeiter, dessen Handlungsspielraum engte sich durch die scheinbare Objektivität der Computerberechnung allerdings deutlich ein. Und auch auf Kundenseite läuteten die neue Berechnungen einen deutlichen Wandel ein. Miteinander verknüpft bildeten die erfassten, gespeicherten sowie daraus extrapolierten Daten eine Repräsentation des Kunden in binär-digitalem Code: der informationelle Mensch.

Diese Repräsentation des Kunden in der Daten-Bank, nicht sein Abbild, aber der Verweis auf ihn, wirkte auf die Entscheidungs-findung innerhalb der Bank, wie auch auf ihn selber zurück. Die Ebene elektronisch gespeicherter, dynamisch verknüpfter Daten überlagerte, präformierte und überformte das Bild vom Kunden, wie auch sein zukünftiges Verhalten, seine in-dividuelle, also unteilbare, unmittelbare Person. Gleichzeitig blieb sie immer ein Zerrbild des Kunden selbst, da es sich nur um eine Annäherung an ihn handeln konnte.

Klassifizierung / Kollektivierung

Mit dieser individuellen Einzelbewertung des Kunden endete der Prozess des Kredit-Scorings allerdings nicht. Aus Rationalisierungs- wie bilanztechnischen Gründen unterwarfen die Institute die jeweils ermittelten Kreditwürdigkeiten einer Typisierung und Klassifizierung in Gruppen. Das Ziel dieses Ver-fahrens war es,

> ausgehend von nach eindeutig gegeneinander abgrenz-baren Risikomerkmalen gebildeten Teilgesamtheiten des Kreditgesamtbestands über die Stichprobeanalyse relativ weniger Einzelkredite ein für den Gesamtkreditbestand repräsentatives Bonitätsurteil zu erlangen." (Droege 1988, 156)

Aus den Einzelscorings konnten die Institute so wiederum Gruppen bilden, die eine feingliederigere und vor allem diachron dynamischere Segmentierung des Kundenstammes erlaubten. Verhaltensänderungen wurden jetzt mit berücksichtigt. Scoring-gruppen ergänzten die klassischen Gruppenzuordnungen, die auf Postleitzahl oder Berufsgruppe aufsetzten und beispielsweise nur zwischen Arbeitern und Angestellten unterschieden. Der Einzelzuschreibung folgte eine möglichst einfache Typisierung,

auch in Abhängigkeit davon, wie gut sie sich in der EDV umsetzen
ließ: „Kriterien aus der Technik bedingten [...] die Gestaltung der
Modelle" (Pohle 2016, 11).

In einer Zeit, in der sozialwissenschaftliche Großgruppeneintei-
lungen wie der Klassenbegriff mit dem gestiegenen Wohlstand
und dem Strukturwandel immer stärker erodierten (Brückweh
2015, 149–163; Doering-Manteuffel und Raphael 2008, 49–50),
boten sich den Instituten damit neue Klassifizierungskriterien
und Kollektivierungsmechanismen. Diese richteten sich am
realen wie auch berechneten Verhalten des Kunden aus, ließen
sich über die Zeit aktualisieren und waren damit dynamischer
und flexibler. Gleichzeitig präformierten sie allerdings die
Gruppierungen durch neue Exklusionshandlungen und -muster.
Anzuführen wäre hier das *Redlining*, also der Ausschluss oder die
Benachteiligung bestimmter Menschen von Dienstleistungen an
Hand von Eigenschaften wie dem Wohnort, die sie mit anderen
Individuen in der ihnen zugewiesenen Risikogruppe teilten (Röhle
2010, 219; Brückweh 2015, 164–189).

Kredit-Scoring-Verfahren in der Praxis

Zum Einsatz in den Sparkassen selbst kamen *Kredit-Scoring* Ver-
fahren in Abstufungen erst Ende der 1970er-Jahre. Nachweise
darüber liegen für die Institute in Hannover, Kassel, Stuttgart und
Hamburg vor – allesamt Großinstitute, die bereits früh mit dem
Aufbau eigener Datensammlungen begonnen hatten (Siegel und
Degener 1989, 456). Zuvor setzten sie EDV

> im Bereich des Kreditgeschäftes [...] lediglich zur buchungs-
> technischen Abwicklung der Geschäftsvorfälle und den
> damit zusammenhängenden Arbeiten (z.B. Zinsberechnung)
> [ein]. (Weißenfeld 1973, 188)

Die Zurückhaltung der Sparkassen jenseits einiger Pionier-
institute erklären einige Autoren mit der relativ stabilen Ertrags-
lage der 1970er-Jahre wie auch den vorhandenen umfassenden

Daten aus den Kontobewegungen, die eine Hinzunahme externer Faktoren weniger dringlich machten (Hermanns und Reuter 1986, 425). Mit Blick auf die lange Linie der Computerisierung der Sparkassen war ein solches Verhalten allerdings vielmehr die Regel. Einige Institute nahmen im historischen Verlauf die Vorreiterrolle für den Gesamtverbund ein und erarbeiteten Best-Practice-Lösungen, die nachfolgend in der Breite adaptiert wurden.

Ein Beispiel für die Adaption ist der Einsatz in bayerischen Sparkassen, deren Verbandsführung Ende der 1970er-Jahre „ein EDV-gesteuertes Dispositions-Kreditprogramm bereitgestellt" (Friedel und Seimel 1978, 108) hatte. Es sollte die Kreditentscheidung vorgeblich „objektivier[en]", die Kreditüberwachung erleichtern, die Personalkosten entlasten und das absatzpolitische Ziel hoher Marktausschöpfung verwirklichen, so die Sparkassenfunktionäre Erwin Friedel und Gerhard Seimel in einem Artikel der *Betriebswirtschaftlichen Blätter für das Sparkassenwesen*. (ebd.) Darin heißt es deutlich:

> Je großzügiger wir die Dispositionskredite als zusätzliche Dienstleistungen verkaufen wollen, desto genauer müssen wir unsere Kunden kennen. Dieses „Kennen" ist nicht gleichzusetzen mit persönlicher Beurteilung aufgrund eines Kundengesprächs. Allein [sic!] die in Bits und Bytes gespeicherten Daten ermöglichen es, das Kreditrisiko kalkulierbar zu machen. (ebd.)

Erstens wird klar: Die Sparkassen strebten eine steigende Kreditvergabe als ihr wettbewerbspolitisches Ziel an. Im Verlauf dessen wandelte sich aber zweitens auch ihr Bild vom Kunden. Die Mitarbeiter der Banken schrieben dem informationellen Menschen in ihren Datenbanken – wie an diesem Zitat zu sehen ist – einen hohen, objektiven Wert zu. Diese Zuschreibung rührte aus der Aufladung des Computers als idealer Informationsmaschine her, die den menschlichen Blick auf den hyperrationalen Computer prägte (Vormbusch 2013, 48; Mormann 2013). Hier spielte eine

moralische Komponente der Technikabschätzung mit herein:
Der vom Computer ermittelte Wert der Bonitätsbewertung
wurde als objektiver und damit als gerechter eingestuft, als es
die persönliche Analyse des Kundenberaters sein konnte. Dieser
sei beispielsweise durch seine Berufserfahrung, Stimmungs-
schwankungen, Risikoneigung oder Vorurteile beeinflusst oder
von anderen Vorteilen des Kreditnehmers in die Irre geleitet. Ziel
des Kredit-Scorings war es daher, „subjektiv geprägte Kredit-
entscheidungen [...] zu objektivieren" und eine (intern) „trans-
parente, einheitliche und standardisierte Kreditentscheidung in
der gesamten Bank" (Siegel und Degener 1989, 456) mit Hilfe des
Computers herzustellen (Prautzsch und Völker 1986, 436). Durch
standardisierte Prozesse sollte das Risiko handhabbar werden.
Der Kontext hingegen, aus dem die Bank ihre Daten ursprünglich gewann, ging bei der Operation der Komplexitätsreduktion
verloren.[3]

Kundenbeobachtung im Kreditgeschäft zur Risikominimierung

Wie kreativ die Sparkassen bereits zuvor mit ihren Kundendaten umgingen, zeigt ein Beispiel der Kreis- und Stadt-
sparkasse Dachau-Indersdorf. Die Bank hatte sich 1968 einen
neuen Computer zugelegt, eine General Electric Gamma 115,
die ursprünglich von der italienischen Firma Olivetti entwickelt
worden war, um die zuvor in vielen Kreditinstituten vorhandenen

---

3   Überdeutlich wird hier der ehemalige Informatiker Joseph Weizenbaum:
    „Es ist Alltagspraxis geworden, Informationen mit Wissen oder gar Ideen
    zu verwechseln. Das hat überhaupt nichts miteinander zu tun. Im Gegen-
    teil: Nonsenstexte, von dressierten Affen am PC geschrieben, haben
    informationstheoretisch einen größeren Informationsgehalt als Shake-
    speares Werke. [...] Der Kontextbezug wird einfach unterschlagen. [...] Der
    Computer scheint zu ‚denken', aber er tut es nicht. Er ist sehr fleißig im
    Zusammenzählen bei Rechenoperationen – wie ein unendlicher Sklave.
    Dadurch ist es verblüffend leicht, sogenannte ‚als ob' Effekte zu erzielen"
    (Hartkemeyer und Weizenbaum 1999).

Lochkartengeräte zu ersetzen. Diesen teuren Rechner wollte das Kreditinstitut nicht nur für die Buchhaltung einsetzen. Das Ziel des Sparkassenmanagements war es, „mit ihrer Hilfe auch qualifizierte Informationen als Grundlage für unternehmerische Entscheidungen zu gewinnen und sie zu einem wichtigen Instrument der Geschäftsleitung zu machen" (Niebauer 1968, 107) – die zweite Phase in der Computerisierung der Kreditwirtschaft nach Aufzeichnung und Speicherung von Daten zur Automatisierung hergebrachter Prozesse. Die Basis dafür bildeten die mit dem Computer gewonnenen Daten aus diesen Prozessen, beispielsweise wie Kunden ihre Kredite bedienten oder Transaktionen tätigten. Die Kundenbeobachtung floss dabei in eine umfangreiche Datensammlung in Form des „Kundenbeobachtungsblatt[es]" (ebd.) ein. Sie veranschaulicht die Datenfülle, die den Sparkassen vorlag. Das Kundenbeobachtungsblatt enthielt explizit

> die Kontonummer, die Kundenadresse, den Stichtags-Saldo, die Umsätze und Salden über 3 Jahre hinweg pro Quartal [...] in TDM [...] das Limit, den höchsten und niedrigsten Saldo, [...] die Anzahl der überzogenen Tage, den Durchschnitts-Valutasaldo und Durchschnitts-Tagessaldo, den Zahlungsverkehr über 2 Jahre hinweg [...] die Barauszahlungen, die Bareinzahlungen, die getätigten Überweisungen, die Überweisungsgutschriften, die belasteten Schecks, die zur Gutschrift eingereichten Schecks, die eingelösten Wechsel, die diskontierten Wechsel, die empfangenen Gutschriften für Milchablieferungen an die Molkerei, die Auslandszahlungen und die Gesamtzahl der Geschäftsvorfälle [sowie] die sonstigen Konten des Kunden. (ebd.)

Für die sonstigen Konten des Kunden wie beispielsweise die Girokonten wurden darüber hinaus kreditrelevant „das Limit [und] der Überziehungskredit" gespeichert, bei Darlehen der „Tagessaldo in TDM, Ursprünglicher Darlehensbetrag [und das] Bewilligungsdatum" sowie allgemein „Berufs- und Orts-Schlüssel [und der] Werbeschlüssel, aus dem u.a. ersichtlich ist, ob zu

Lasten des Kontos Daueraufträge ausgeführt werden" (ebd.). Die Praxis der Kundendatensammlung war zwar auch vor Einführung der Computertechnologie üblich, wurde aber bis dahin manuell durch einen Kreditsachbearbeiter durchgeführt und differierte in ihrem Turnus und ihrer Ausführlichkeit (bspw. Hupp und Mohm 1964, 91). Zusammengefasst war das Kundenbeobachtungsblatt die umfassende, relativ aktuelle Auflistung aller Geldaktivitäten eines Menschen bei einem bestimmten Institut. Die Bank wusste damit potentiell alles über den Kunden als Wirtschaftssubjekt. Erst wenn er Bargeld verwendete, fielen keine Daten über ihn mehr an.

Was machte die Sparkasse Dachau, die hier exemplarisch für viele Sparkassen analysiert wird, mit diesen Daten? Die Kundenbeobachtungsblätter wurden „zu festen Terminen oder auf Anforderung verschiedenen Stellen im Hause vom Rechenzentrum zur Verfügung gestellt" (ebd.). Die Kredit-Abteilung Dachaus erhielt beispielsweise „am Jahresanfang zu jedem Kreditakt das entsprechende Beobachtungsblatt. Das [wurde] von den Sachbearbeitern als sehr gut empfunden" (ebd.). Vierteljährlich verteilte das Rechenzentrum Beobachtungblätter für besonders große Kredite (ab 50 TDM), was dem Sachbearbeiter „die Kontrolle der Umsätze und Salden dieser Konten" (ebd.) ermöglichte. Die EDV lieferte einen ‚aktuellen' Überblick über das eigene Haus und machte so Risiko für die Mitarbeiter der Sparkasse besser steuerbar. Neuartige Kreditformen wie der flexible Dispositionskredit konnten so von den Mitarbeitern umfassend gehandhabt und im Blick behalten werden. Ihre Einführung lässt sich unmittelbar auf die neuen technischen Möglichkeiten in gesteigertem Wettbewerb zurückführen. Dabei waren dies nur erste Schritte von der reinen Datensammlung hin zu deren Verknüpfung, selbst wenn eine zentrale Zusammenführung unter einer Kontostammnummer erst Anfang der 1970er-Jahre erfolgte.

Die Daten waren aber bereits 1968 nach Schlüsselkriterien kombinier- und sortierbar, beispielsweise nach Kontonummer, Betriebsstelle, Beruf, Wohnort, Saldo, Umsatz, Limit,

Geschäftsvorfälle oder Werbeschlüssel, „wobei gleichzeitig mehrere Komponenten berücksichtigt werden" (ebd.) konnten. Das heißt, hier war bereits mit hierarchischer Strukturierung möglich, was relationale Datenbanken dann ab den 1980er Jahren weiter vereinfachten (Gugerli 2010): Anfragen im Stile von ‚Gib mir alle Bewohner des Stadtteils X, die einen Saldo größer als Y und einen Werbeschlüssel von Z haben'. Die Vorstände der Kreditinstitute wurden letztlich getrieben von einer Hoffnung auf die Offenbarung neuer Informationen innerhalb bekannter Datenmuster.

Meine These ist hier, dass die Zusammenführung der Daten im Zuge einer stärker marktorientieren Absatzstrategie der Sparkassen als Universalinstitute erfolgte. Es konnte dem Kunden beispielsweise ein Kredit zu besseren Konditionen angeboten werden, weil das Risiko durch die Informationalisierung des Menschen aus dessen umfassenden Finanzverhalten zunehmend berechenbarer und im Vollzug des Kredites schneller überblickbar wurde. Ihren Informationsvorsprung setzten die Sparkassen in Gewinn um.[4]

Für die Bank interessante Kunden konnten sie auf Basis der Daten gezielt ansprechen, denn auch für Werbezwecke ließen sich die intern gewonnenen Daten vortrefflich nutzen. So verschickte die Sparkasse Dachau im April 1968 an alle Kunden mit regelmäßigem Einkommen ohne Dispositionskredit ein Faltblatt. „Eine steigende Kredit-Nachfrage aus diesem Kundenkreis war der Erfolg" (Niebauer 1968, 107). Die hier skizzierten Mechanismen wurden in den Folgejahren in einer Balance zwischen Datenrespekt und Datennutzung immer weiter verfeinert. Die sich durchsetzende Marktorientierung und die Informationalisierung des Menschen waren eng verschränkt.

---

4   So funktioniert beispielsweise ein Bausparvertrag dergestalt, dass die Bank aus der Einzahlphase des Kunden über einen bestimmten Zeitraum die Sicherheit gewinnt, dass dieser auch im nachfolgenden Zeitraum dasselbe Verhalten fortsetzen wird – gleichzeitig aber auch daran gewöhnt wird, monatlich einzuzahlen.

Aber es blieb nicht nur dabei: Auf Datensammelung folgte Beobachtung folgte externalisierte Kontrolle. Die Sparkassen hatten
hier ihren moralischen Anspruch der Erziehung des Kunden zu
einem guten Schuldner nicht abgelegt, sondern begannen ab
Anfang der 1980er-Jahre, sie auf den Kreditnehmer selbst zu übertragen. Dieser war nun selbstverantwortlich für seinen eigenen
Score und die positive wie negative Diskriminierung durch seine
(Berufs-)Klasse nahm an Bedeutung ab. Vor allem sein Verhalten
bestimmte nun seine Kreditwürdigkeit. Gleichzeitig stand er
dadurch nun zunehmend mit anderen Kreditnehmern im Wettbewerb und musste sich um einen guten Score bemühen. Allein
die Tatsache, dass die Kunden sich über die Bildung einer Kenn-
zahl auf Basis aggregierter Daten bewusst waren, konnte eine
selbstdisziplinierende Wirkung bewirken.

Fazit

Datenerhebungen und deren analytische Auswertung mit Hilfe
der Computertechnologie wurden seit den 1960er Jahren zentraler Bestandteil des Geschäftsmodells der bundesdeutschen
Sparkassen. Sie bildeten einen Grundpfeiler der markt-
orientierten Absatzstrategie in den 1970er Jahren, welche eine
produktorientiere Strategie zunehmend ablöste. Die Analyse
dieser Daten versprach ihnen die Minimierung des dem Kreditgeschäft inhärenten Risikos des Kreditausfalls. Dazu bildeten sie
den Kunden und dessen soziale wie ökonomische Eigenschaften
innerhalb ihrer Datenbanken ab. Sie informationalisierten den
Kunden. Das ermöglichte ihnen den Vertrieb neuer Produkte
wie des Dispositionskredites. Parallel zur Erosion des Klassen-
begriffes in seiner gesamtgesellschaftlichen Wirkmächtigkeit
im Laufe der 1970er-Jahre erprobten die Sparkassen in der
Schichtenzuweisung ihrer Kunden in Bonitätsklassen anhand vorgeblich objektiverer Verfahren neue Kollektivierungsstrategien.
Interessant wäre hier zu fragen, inwiefern dieser Befund auch für
die Sparkassen der DDR zutrifft.

Was den Datenschutz angeht, änderte sich der Umgang der
bundesdeutschen Institute mit Daten über den betrachteten
Zeitraum hinweg nur dahingehend, als dass sie sich vor allem
für eine bessere Sicherung der Daten einsetzten, die sie als
ihre zentrale Ressource erachteten. Als tendenziell risikoaverse
Institutionen entwickelten sie früh ein sensibles Gespür für
den Wert von Daten, gingen aber in einer Selbstreferenzialität
gefangen, die einmal ermittelte Daten verabsolutierte und für
weitere Analysen heranzog.

Literatur

Ashauer, Günter. 1989. „Die Entwicklung des Konsumentenkredits von den Anfängen bis zur Gegenwart". In *Entwicklungslinien im Personalkreditgeschäft der Sparkassen*, herausgegeben von Jürgen Mura et. al., 62–77. Stuttgart: Deutscher Sparkassen Verlag.

Belvederesi-Kochs, Rebecca. 2008. „Von der ‚moralischen Anstalt' zum vertriebsorientierten Finanzdienstleister. Der unternehmenskulturelle Wandel des Deutschen Sparkassen- und Giroverbands im Spiegel seiner Marketingstrategie". In: *Zeitschrift für Unternehmensgeschichte* 53 (2): 192–215.

Bräutigam, J. und Küllmer, K. 1972. „Die Anwendung statistischer Verfahren zur Objektivierung der Kreditwürdigkeitsprüfung". In *Betriebswirtschaftliche Blätter* 21 (1): 6–10.

Brückweh, Kerstin. 2015. *Menschen zählen: Wissensproduktion durch britische Volkszählungen und Umfragen vom 19. Jahrhundert bis ins digitale Zeitalter.* Veröffentlichungen des Deutschen Historischen Instituts London / Publications of the German Historical Institute London 76. Berlin: De Gruyter Oldenbourg.

BVerfG: Urteil vom 15. Dezember 1983. Az. 1 BvR 209, 269, 362, 420, 440, 484/83 („Volkszählungsurteil").

Die Zeit. 1959. „DER LESER FRAGT: Es geht um das Sparkassen-Kleindarlehen!" In *Die Zeit*, 20. März. http://www.zeit.de/1959/12/es-geht-um-das-sparkassen-kleindarlehen. Letzter Zugriff am 15. Juni 2015.

Doering-Manteuffel, Anselm und Lutz Raphael. 2008. *Nach dem Boom: Perspektiven auf die Zeitgeschichte seit 1970.* Göttingen: Vandenhoeck & Ruprecht.

Droege, Michael. 1988. *Die Bewertung von Konsumentenkreditforderungen im Jahresabschluß der Kreditinstitute.* Frankfurt a.M.: Lang.

Floyd, Christiane. 1999. „Menschsein in der informatisierten Gesellschaft – zur Virtualisierung des Selbst". In *Mensch – Informatisierung – Gesellschaft: Beiträge zur 14. Jahrestagung des Forums InformatikerInnen für Frieden und Gesellschaftliche Verantwortung (FIfF) e.V.*, herausgegeben von *Peter Bittner und dem Forum InformatikerInnen für Frieden und Gesellschaftliche Verantwortung*, 21–42. Münster: LIT.

Friedel, Erwin und Gerhard Seimel. 1978. „Aktivierung des Dispositionskredit-
geschäftes. Ein Aktionsmodell für bayerische Sparkassen". In *Betriebswirtschaftliche Blätter* 27 (3): 108–110.

Frohman, Larry. 2012. „Virtually Creditworthy: Privacy, the Right to Information, and
Consumer Credit Reporting in West Germany, 1950–1985". In *Cultures of Credit:
Consumer Lending and Borrowing in Modern Economies*, herausgegeben von *Jan
Logemann*, 129–154. Washington, DC: German Historical Institute.

Frohman, Larry. 2015. „Population Registration, Social Planning, and the Discourse
on Privacy Protection in West Germany". In *The Journal of Modern History* 87
(June): 1–41.

Golumbia, David. 2009. *The Cultural Logic of Computation*. Cambridge, MA: Harvard
University Press.

Gugerli, David. 2010. „Data Banking. Computing and Flexibility in Swiss Banks 1960–
90". In *Financial Markets and Organizational Technologies. System Architectures,
Practices and Risks in the Era of Deregulation*, herausgegeben von Alexandros-
Andreas Kyrtsis, 117–136. Basingstoke: Palgrave Macmillan.

Haigh, Thomas. 2007. „A Veritable Bucket of Facts: Ursprünge des Datenbank-
managementsystems". In *Daten (Nach Feierabend: Zürcher Jahrbuch für Wissensgeschichte 3)*, herausgegeben von David Gugerli et. al., 57–98. Zürich: Diaphanes.

Hermanns, Wolfgang und Arnold Reuter. 1986. „Credit-Scoring-Systeme". *Betriebswirtschaftliche Blätter* 35 (10): 425–435.

Herzog, Günter. 1968. „Probleme der Anwendung der kybernetischen Modell-
methode in der Kriminologie". In *Staat und Recht* 17: 781–794.

Hupp, Richard und Werner Mohm. 1964. *Elektronische Datenverarbeitung im
Sparkassenbetrieb. Dargestellt und erläutert am Verfahren der Kreissparkasse Saar-
brücken*. Bd. 1. Der Sparkassenbetrieb 2. Stuttgart: Deutscher Sparkassenverlag.

Luhmann, Niklas. 1991. „Vorwort". In *Womit handeln Banken? Eine Untersuchung zur
Risikoverarbeitung in der Wirtschaft*, herausgegeben von Dirk Baecker, 7–12. Frankfurt a.M.: Suhrkamp.

Mormann, Hannah. 2013. „Zur informationstheoretischen und organisationstheo-
retischen Formalisierung von Organisation". In *Quoten, Kurven und Profile: Zur
Vermessung der sozialen Welt*, herausgegeben von Jan-Hendrik Passoth und Josef
Wehner, 69–86. Wiesbaden: VS Verlag für Sozialwissenschaften.

Mura, Jürgen. 1994. *Entwicklungslinien der deutschen Sparkassengeschichte*. 2. Aufl.
Stuttgart: Deutscher Sparkassenverlag.

Niebauer, P. 1968. „Kundenbeobachtung und gezielte Werbung mit Hilfe der EDV-
Anlage". In *Betriebswirtschaftliche Blätter* 17 (11): 107.

Nora, Simon und Alain Minc. 1979. *Die Informatisierung der Gesellschaft*. Frankfurt
a.M.: Campus Verlag.

Oberloskamp, Eva. 2014. „Auf dem Weg in den Überwachungsstaat? Elektronische Datenverarbeitung, Terrorismusbekämpfung und die Anfänge des
bundesdeutschen Datenschutzes in den 1970er Jahren". In *Ausnahmezustände.
Entgrenzungen und Regulierungen in Europa während des Kalten Krieges*, herausgegeben von Cornelia Rauh und Dirk Schumann, 156–174. Göttingen: Wallstein.

78   Prautzsch, Wolf-Albrecht und Wolfgang Völker. 1986. „Bonitäts-Checkliste. Mehr Systematik bei der Bonitätsprüfung im Konsumentengeschäft". In *Betriebswirtschaftliche Blätter* 35 (10): 436.

Pohl, Hans. 2000. „Universalisierung und Strukturwandel des deutschen Sparkassenwesens nach 1945". In *Europäisches Kolloquium für Sparkassengeschichte: Die europäischen Sparkassen nach 1945*, herausgegeben von der Wissenschaftsförderung der Sparkassenorganisation e.V., 99–123. Stuttgart: Deutscher Sparkassen Verlag.

Pohle, Jörg. 2016. „Transparenz und Berechenbarkeit vs. Autonomie- und Kontrollverlust: Die Industrialisierung der gesellschaftlichen Informationsverarbeitung und ihre Folgen". In *Mediale Kontrolle unter Beobachtung* 5 (1). http://www.medialekontrolle.de/wp-content/uploads/2016/03/Pohle-Joerg-2016-05-01.pdf. Letzter Zugriff am 21. Dezember 2016.

Röhle, Theo. 2010. *Der Google-Komplex: Über Macht im Zeitalter des Internets*. Kultur- und Medientheorie. Bielefeld: Transcript.

Schuhmann, Annette, und Jürgen Danyel. 2015. „Wege in die Digitale Moderne. Computerisierung als Gesellschaftlicher Wandel." In *Geteilte Geschichte: Ost- Und Westdeutschland 1970–2000*, herausgegeben von Frank Bösch, 283–319. Göttingen: Vandenhoeck & Ruprecht.

Schölermann, Benno. 1978. „Datenschutz bei der Hamburger Sparkasse – Erste Erfahrungen". In *Betriebswirtschaftliche Blätter* 27 (2): 73–76.

Schröter, Jens. 2004. „Analog/digital: Opposition oder Kontinuum". In *Analog/Digital: Opposition oder Kontinuum? Zur Theorie und Geschichte einer Unterscheidung*, herausgegeben von *Jens Schröter*, 7-30. Medienumbrüche 2. Bielefeld: Transcript.

Siegel, Bernd und Rolf Degener. 1989. „Kreditscoring: Risikosteuerung im Mengenkreditgeschäft" *ZfgK* 42: 455–458.

Springer Gabler Verlag. 2015. „Eintrag: Bankgeheimnis. Version 14". In *Gabler Wirtschaftslexikon*. Wiesbaden: Springer Gabler. http://wirtschaftslexikon.gabler.de/Definition/bankgeheimnis.html. Letzter Zugriff am 13. April 2015.

Steinmüller, Wilhelm et. al. 1971. *Grundfragen des Datenschutzes*. Gutachten im Auftrag des Bundesministeriums des Innern. Bundestag Drucksache VI/3826.

Vormbusch, Uwe. 2013. „Taxonomien des Flüchtigen. Das Portfolio als Wettbewerbstechnologie der Marktgesellschaft". In *Quoten, Kurven und Profile - Zur Vermessung der sozialen Welt*, herausgegeben von *Jan-Hendrik Passoth und Josef Wehner*, 46–67. Wiesbaden: VS Verlag für Sozialwissenschaften.

Weißenfeld, Karl. 1973. Grundzüge eines EDV-Informationssystems für das Kreditgeschäft und seine Auswirkungen auf die Prüfungsarbeit. In *Betriebswirtschaftliche Blätter* 22 (6): 188–196.

Wersig, Gernot und Marianne Buder. 1983. *Informatisierung und Gesellschaft: Wie bewältigen wir die neuen Informations- und Kommunikationstechnologien*. München/New York: K.G. Saur.

DOPPELGÄNGER

ALGORITHMEN

IDENTIFIZIERUNG

(POST-)ENTFREMDUNG

EMPFEHLUNGSSYSTEME

DATEN-DOUBLE

4

Profile und algorithmische Identität: Zwischen Doppelgängertum und Post-Entfremdung

Nikolaus Lehner

Digitale Profile haben nicht nur eine Oberflächen-, sondern auch eine Tiefenstruktur. Im Hintergrund der Profilseiten errechnen Algorithmen aus den bereitgestellten oder auch abgeschöpften Daten Identitätszuschreibungen. Unter dem bewusst vom Nutzer zusammengestellten Oberflächenprofil bildet sich in vielen Fällen ein rein technisch erstelltes Profil heraus. Häufig wird bei der Beschreibung dieses Umstands auf die Metapher des Doppelgängers oder Doubles zurückgegriffen. Der Doppelgänger dient in dieser Hinsicht sowohl als Reflexionsfigur als auch als Figur der Kritik. Eine Historisierung der Doppelgängersemantik, so die These dieses Beitrags, kann dazu beitragen, die Rezeptionserfahrung mit algorithmischen Identifizierungstechniken herauszuarbeiten. Dabei zeigt sich, dass der Doppelgänger als Reflexionsfigur zur Problematisierung von Identität im digitalen Zeitalter eine andere Rolle spielt als noch in der Romantik und in der Zeit der Hochmoderne.

Identität ist undenkbar ohne ihre Fixierung als diskretes Datum.[1]
Wie Christoph Engemann feststellt, wird durch die Geburts-
urkunde bereits die Geburt zu einem „Schreibereignis" (2013,
206). Immer ist die moderne Identitätsbildung auch ein Effekt
des Protokollierens, das heißt, von Zu- und Einschreibungs-
verfahren. Mit der Digitalisierung gehen Zuschreibungen von
Identitäten kontinuierlicher, zeitnäher und zunehmend automatisiert vonstatten. Diese Veränderungen haben möglicherweise nicht unbedeutende Auswirkungen auf die Ausprägung
von Identitäten: Mit Cheney-Lippold lässt sich von neuen,
algorithmischen Identitäten sprechen (2011, 165). Zudem werden
die Nutzer digitaler Plattformen mit Projektionen konfrontiert,
die zu Anknüpfungspunkten oder Reibungsflächen für eigene
Identitätsprojekte werden können: Kontakt- oder Konsumemp-
fehlungen können so etwa als Extrapolationen von Bedürfnissen
gedeutet werden. Diese Veränderungen haben den Anstoß
dazu gegeben, dass es sowohl im wissenschaftlichen als auch
im populärwissenschaftlichen und journalistischen Diskurs
zum Rückgriff auf eine bemerkenswerte Semantik gekommen
ist. Die Suche nach kritischen Reflexionsbegriffen führte zur
Wiederkehr eines alten literarischen Motivs: dem Motiv des
Doppelgängers. So fragt die Medienwissenschaftlerin Kylie
Jarrett: „In the brutal logic of an algorithmic world, how do I
elude the shadow of my digital doppelgänger?" (Jarrett 2014, 25),
während Rita Raley, ebenfalls Medienwissenschaftlerin, davon
spricht, dass Google „data double[s]" von uns erstelle (2013,
127). Auch in den Feuilletons spukt das „Datendouble" umher:
So warnte etwa Frank Schirrmacher vor dem „digital shadow"
(2013). In der Soziologie wird die Metapher des Doppelgängers
genutzt, um auf kritische Aspekte der digitalen Überwachungs-
und Steuerungsregime aufmerksam zu machen (Andrejevic 2014,
182). Offenbar scheint das zunehmende *Outsourcing* der Arbeit

---

1   Bei dem vorliegenden Artikel handelt es sich um einen leicht überarbeiteten,
    weitgehend übernommenen Teil aus meiner Dissertation *Algorithmische
    Sozialität: Struktur und Evolution einer Kommunikationsform.*

an der eigenen Identität mit einer so großen Verunsicherung
einherzugehen, dass man diese semantisch auf den Punkt
zu bringen bemüht ist. Im Folgenden interessiere ich mich
daher vor allem für die Doppelgängersemantik als Reflexions-
und Problembegriff. Ein historisch-semantischer Rückblick
ermöglicht es, die Ambivalenzen in der heutigen Verwendung
des Doppelgängersujets darzustellen. Im weitesten Sinne war die
Doppelgängersemantik immer eine Möglichkeit, Entfremdungseffekte kritisch zu reflektieren. Damit war sie vor allem eine Figur
der Distanzierung von sozialen Rollen und Erwartungen. Sie
hatte also eine klare soziale Funktion, die besonders durch den
soziostrukturellen Wandel im 19. Jahrhundert deutlich wurde.
Im digitalen Zeitalter sind diese Effekte jedoch ambivalenter
als zu jener Zeit: Der Doppelgänger ist nicht mehr nur ein
Reflexionsbegriff, um verschiedene gesellschaftliche *personae*
von dem Individuum abzugrenzen, er manifestiert sich durch
algorithmische Profiltechniken. Allerdings dient die Herstellung
technischer Manifestationen von *Doubles* nicht mehr dazu,
soziale Entfremdungseffekte aufzuzeigen, sondern Resonanz-
erfahrungen einzuleiten. Die Semantik wandelt sich damit
von einer Metapher in eine technische Realabstraktion, die
gerade darauf zielt, jene Erfahrungen zu beseitigen, die von der
klassischen Doppelgängerliteratur beschworen wurden.

Die computerwissenschaftliche Fachliteratur über algorithmische
Empfehlungssysteme ist voller Verdopplungen: Eigenschaften,
die man Dingen oder Subjekten zuschreibt, werden zu auswert-
baren und damit auch zu verwertbaren Daten vervielfältigt.
Dabei kann es sich um den monetären Wert oder den geo-
graphischen Ort von Gegenständen handeln, aber auch um die
Auswertung digitaler Profile, mitsamt all der vielversprechenden
Daten zu Bewertungen und Vorlieben, zu Alter und Geschlecht,
Aufenthaltsorten und Bewegungsmustern, sozialen Kontakten,
Beruf, Websitebesuchen, Verweildauer und Transaktionen (Ricci,
Rokach und Shapira 2011, 9). Auch hier findet sich, wenn auch
nicht explizit so benannt, der digitale Doppelgänger: „User data

is said to constitute the user model. The user model profiles the user, i.e., encodes her preferences and needs" (8).

Das bedeutet, die Semantik des Doppelgängers hat durchaus ihre Entsprechungen in der informationswissenschaftlichen Fachliteratur: Was in der Informatik als *user model* bezeichnet wird, wird in den Sozial- und Geisteswissenschaften sowie im populären Diskurs zum Doppelgänger. In diesen Kontexten handelt es sich weniger um eine technisch nutzbare Metapher als vielmehr um einen Problembegriff, der sich aus dem Unbehagen der Rezipienten speist. Als solcher dient er einerseits dem Verständnis der eigenen Verstricktheit in die verschiedenen digitalen Plattformen, andererseits als Drehpunkt, um eine Kritik an den unsichtbar bleibenden Rechenabläufen im Hintergrund anzustoßen. Dabei lohnt es sich, darauf hinzuweisen, dass der Doppelgänger schon früher dazu herangezogen wurde, um Reflexion und Kritik an gesellschaftlichen Zuständen zu figurieren. Eine analytisch ergiebige Perspektive besteht daher in der Frage, wie die Doppelgängersemantik sich auf dem Weg zu dem gegenwärtigen Doppelgänger 2.0 gewandelt hat. Dabei werde ich zunächst vorschlagen, dass das Doppelgängersujet sowohl literaturgeschichtlich als auch pathologisch eng mit Vorstellungen verknüpft ist, die unter dem Begriff der Entfremdung gefasst werden können. Diese Verbindung gestaltet sich im Fall des Doppelgängers 2.0 jedoch ambivalenter als in der ersten Hochphase des Doppelgängersujets: Der Doppelgänger 1.0 konnte nur als Negativfolie, als absolute Erfahrung der Entfremdung und des Identitätsverlustes wahrgenommen werden. Der Doppelgänger 2.0 impliziert dagegen auch die Möglichkeit der Integration und der Assimilation von Identitätsangeboten.

Doppelgänger 1.0

Seit jeher steht die literarische und mythische Figur des Doppelgängers unter Manipulationsverdacht. Nicht nur taugt sie zur personifizierten Furcht vor dem Kontrollverlust, sondern

darüber hinaus macht sie auch sichtbar, wie prekär die je eigene
Identität ist. Der Doppelgänger erinnert daran, dass Identität
sich als bloßes Schattenspiel von Kräften herausstellen könnte,
denen man nicht gewachsen ist. Wer vom Doppelgänger spricht,
bedient sich einer archaischen Semantik, die sich zu bestimmten
historischen Zeitpunkten besonders großer Popularitäts-
schübe erfreute. Im europäischen Raum war das, auch wenn
der Doppelgänger sowohl in der Mythologie als auch in volkstümlichen Märchen einen festen Platz hat, vor allem zur Zeit
der frühen Moderne der Fall. Diese Heimsuchung drückt sich
wohlgemerkt nicht nur in der Literatur aus: Pathologische Fälle
tauchen auf und werden mit verstärktem Interesse untersucht.
Es ist naheliegend, begriffliche Konjekturen durch soziokulturelle
Einflüsse zu erklären. Die Doppelgängersemantik stellt schon seit
langem eine Reflexionsfigur bereit, um sich der unheimlichen
Wechselwirkung und dem Verschwimmen von Selbstreferenz
und Fremdreferenz zu nähern. Sie tat es aber nicht immer auf die
gleiche Art und Weise. Daher lohnt es sich auch, die Geschichte
der Doppelgängersemantik zu berücksichtigen, wenn man von
der heute populären Metapher des Datendoubles spricht.

Helmuth Plessner hielt das Doppelgängermotiv für eine anthro-
pologische Konstante (1982, 78). Als Idee sei dieses Motiv eine
der Voraussetzungen „menschlicher Vergesellschaftung", da im
Doppelgänger „Rollenträger und Rollenfigur" vereint seien (78).
Die Idee des Doppelgängers macht es, folgt man darin Plessner,
nicht nur erst möglich, Rollenträger und Rollenfigur zu verbinden, sondern sie bildet auch die Voraussetzung, um Rolle
und Rollenträger auseinanderzuhalten. In diesem Sinn hat das
Motiv eine entscheidende Bedeutung für die Konstituierung der
Sozialdimension: Es macht darauf aufmerksam, dass eine völlige
Deckung von Rolle und Rollenträger weder sozial erwünscht noch
realisierbar wäre.

Es wäre aber verkürzt, sich nur auf die Sozialdimension zu konzentrieren. Über diese hinaus scheint das Doppelgängersujet
vor allem durch seine sonderbare Beziehung zur Zeitdimension

gekennzeichnet zu sein: Denn das Sujet impliziert und problematisiert vor allem den Aspekt der Simultaneität. Das Doppelgängersujet lässt sich als Aufarbeitung der in ihrer Gleichzeitigkeit paradox erscheinenden sozialen Formen Privatheit/Öffentlichkeit, Rolle/Authentizität, Arbeit/Muße, Kollektivität/Individualität, Sozialität/Psyche und natürlich das Gute/Böse deuten, darüber hinaus jedoch auch als erster Schritt zur Auflösung dieser Paradoxien. Wenn z.B. Öffentlichkeit nicht mehr von Privatheit unterschieden werden kann, gibt es im eigentlichen Sinne weder Öffentlichkeit noch Privatheit. Dasselbe gilt natürlich auch für die übrigen Formen. Als paradoxe Einheiten stürzen sie das Subjekt in die Krise: Die Vereinigung der einen mit der anderen Seite führt nicht etwa zur harmonischen Synthese oder Selbstkohärenz, sondern zur Lähmung oder zum Wahn. Deshalb wird gerade dann auf das Doppelgängersujet zurückgegriffen, wenn diese Paradoxien als unauflösbar und gefährdend erfahren werden. In vor- und frühmodernen, stratifizierten Gesellschaften verliert man sich an seine Rolle bzw. an die dargestellte Person. In der modernen, funktional differenzierten Gesellschaft hingegen versucht man, problematische Formen wie Rolle und Individualität, Öffentlichkeit und Privatsphäre durch Verzeitlichungen auszugleichen.[2]

Vormoderne, stratifizierte Gesellschaften sind aus systemtheoretischer Perspektive dadurch gekennzeichnet, dass sie sich über die Sozialdimension definieren, während die Zeitdimension außer Acht gelassen wird. In modernen, funktional differenzierten Gesellschaften hingegen verstärkt sich die Bedeutung der Zeitdimension, man wendet Techniken zur Temporalisierung von Komplexität an, man orientiert sich nicht mehr allein an festgelegten sozialen Differenzen (etwa an dem Status und damit an einer quasi fest verbrieften Identität), sondern nimmt zeitliche Differenzen in Anspruch, um etwaige Widersprüche aufzulösen

2   Zur Temporalisierung von Widersprüchen in der modernen Gesellschaft siehe insbesondere Niklas Luhmann (1991, 508).

(jetzt übernimmt man eine personale Rolle in der Öffentlichkeit,
nachher darf man wieder privates Individuum sein).[3]

Der vor- und frühmoderne Doppelgänger erscheint, wenn die Ver-
ortung in der Sozialdimension nicht mehr erfolgreich vollzogen
werden kann, Entparadoxierungen durch die Zeitdimension
jedoch noch nicht in vollem Ausmaß zur Verfügung stehen.[4]
Solche fehlgeschlagenen Verortungen werden in der Literatur
sichtbar, wenn der Protagonist in Ungnade fällt, oder aber, weil er
mit seiner Rolle hadert. Der Doppelgänger Goljadkins in Dostojewskis Werk[5] erscheint – sofern man eine pathologisierende
Interpretation ablehnt – just in dem Moment, in dem der Status
des Protagonisten in Frage gestellt wird: Er begehrt so sehr,
seine Statusposition zu sein, dass er ohne diese keine Identität
mehr aufrechterhalten kann. Doch kann er nicht gleichzeitig
Person und Individuum sein.[6] In einer sich vor allem nach der
Sozialdimension ausrichtenden Gesellschaft symbolisiert der
Doppelgänger das Problem, das entsteht, wenn Selbst- und
Fremdreferenz demselben Bewertungskatalog unterliegen. Das
Individuum ist prekär, weil es ganz in seiner Rolle aufgehen soll.
Ist der einzige Maßstab der soziale Status, zerbricht die Identität
bei Aberkennung eben dieses einen, feststehenden Maßstabs.
Wenn Selbst- und Fremdreferenz zusammenfallen, kollabiert
die Selbstreferenz, während die Fremdreferenz, da sie an kein
spezielles psychisches Individuum gebunden ist, fortdauern
kann. Insofern ist es nicht verwunderlich, dass es meist der
Doppelgänger ist, der am Schluss solcher Erzählungen persistiert.

3   Siehe dazu etwa: Luhmann 1991, 98ff.
4   Gerade im späten 18. und im 19. Jahrhundert ist die Gesellschaftsform
    selbst eine gedoppelte; einerseits ist die Gesellschaft bereits funktional
    differenziert, andererseits sind die alten, an der Stratifizierung orientierten
    Sozialstrukturen immer noch wirkmächtig.
5   Dostojewskij (1846) 1996. Dostojewskis Roman erschien 1846 in einem
    zwischen Tradition und Moderne zerrissenen Russland.
6   Als Person ist er adressierbarer, funktionaler Teil der Gesellschaft, als
    Individuum ist er ein unteilbares, ganzheitliches Phänomen, das sich sowohl
    der Selbst- als auch der Fremderkenntnis immer ein Stück weit entzieht.

Die Doppelgängerproblematik der Frühmoderne folgt dem syllogistischen Schema: Ich bin meine gesellschaftliche Position/ Aber ich habe meine Position verloren/Also bin ich nicht mehr. Die Selbstreferenz (die dann zumeist Authentizitätsphantasmen folgt) versagt angesichts des Lärms der Fremdreferenz. Der Parasit (die wuchernde Sozialdimension) tötet seinen Wirt.

Im 19. Jahrhundert ermöglichte dieses Sujet das Aufknüpfen verschiedener Rollenmuster und sozialer Zwänge, denen man nicht, oder nur um einen viel zu hohen Preis, zu entgehen vermochte.[7] Aber offenbar schwand die Aktualität der durch diese Figur erfassten Probleme: Im 19. Jahrhundert ist der Doppelgänger noch ein äußerst populäres Thema, im 20. Jahrhundert verliert die Figur zunehmend an Bedeutung als Reflexionsfigur.[8] Im 19. Jahrhundert betrifft diese Popularität nicht nur die Frequenz seines Erscheinens in literarischen Werken, sondern

7 Der Doppelgänger sucht infolge seiner metaphorischen Wirkkraft die Werke von Maupassant [1886] (1905) und Hoffmann [1815] (2010) ebenso heim wie die von Wilde [1890] (2006), Dostojewski [1846] (1996) und Andersen [1847] (1997). In allen Fällen steht die Frage nach der Identität und nach der Selbstbestimmtheit des Wollens im Vordergrund. So bemerkt der von Maupassants Horla Heimgesuchte in seinem Tagebuch: „Ich habe keine Kraft mehr, keinen Mut, keine Selbstbeherrschung, keine Möglichkeit, meinen Willen auf irgend etwas zu konzentrieren, ich kann nicht mehr wollen, aber ein anderer will für mich und ich gehorche" (Maupassant 1905, 26). Der Bezug zur Sozialdimension wird besonders ersichtlich in Andersens „Der Schatten": Der Gelehrte, der von seiner Forschungsreise aus Afrika zurückkommt, wird – erst einvernehmlich dann durch Zwang – von seinem nach Erfolg und Status strebenden Schatten ersetzt. Der Doppelgänger ist dabei nicht einfach nur eine Kopie oder ein Abbild, sondern immer auch ein anderer. Der Doppelgänger erscheint als störender, in das Leben des anderen eingreifender Einfluss. So heißt es etwa in Poes William Wilson: „I did not pretend to disguise from my perception the identity of the singular individual who thus perseveringly interfered with my affairs, and harassed me with his insinuated counsel" (Poe 1909, 17).

8 Den Doppelgänger im expressionistischen Film würde ich als Ausläufer des literarischen Doppelgängers im 19. Jahrhundert deuten. Wohlgemerkt geht es mir um den Doppelgänger als Reflexionssemantik, nicht als einen medientechnischen Effekt, der sich allein durch die jeweiligen medialen Eigenschaften erklären lässt.

auch seine zentrale thematische Stellung in diesen. Wie John
Herdman schreibt, gilt: „[…] the motif recurs frequently enough in
twentieth-century novels and stories, but it seldom occupies the
position of centrality that it held in the nineteenth-century works
we have discussed" (Herdman 1990, 152).

Im 19. Jahrhundert trug die technologische, mediale und
wissenschaftliche Entwicklung zusätzlich zur Attraktivität
des Sujets bei: Der Mesmerismus und die Erforschung des
Somnambulismus begünstigten ein Klima, welches das Vertrauen
in die eigenen Sinneswahrnehmungen und in die Souveränität
des individuellen Handelns erschütterte (Frenzel 1980, 101).
Nicht umsonst setzt Tarde um 1890 das Soziale mit einer Art
von Somnambulismus gleich. Das eine wie das andere ist ein
„gelenkter Traum", obgleich man die Ideen in diesem Traum für
spontan hält (Tarde 2009, 98).

Tatsächlich handelt es sich beim Doppelgänger um kein
rein literarisches Motiv, vielmehr erscheinen Berichte
über unheimliche Begegnungen mit dem Double auch in
wissenschaftlichen Publikationen. So finden sich aus dieser Zeit
eine Reihe medizinischer Fallstudien, in denen der Doppelgänger
über seine Sujet-Rolle hinausgeht (Wigan 1844). In einer dieser
Studien wird etwa beschrieben, dass ein junger Herr auf seinen
Doppelgänger getroffen sei und dieses krisenhafte Erlebnis
„[…] seine Nerven etwas sehr erschüttert" habe (Mayo 1854,
62). Dabei stellte der britische Physiologe Herbert Mayo bereits
in den 1850er Jahren fest, dass es sich bei der Behandlung
solcher bedauernswerten Patienten herausgestellt habe, dass
„Rhabarber oder Senna" nicht immer die geeigneten Heilmittel
seien, um dieses Leiden zu kurieren, vielmehr handle es sich,
davon zeigt sich Mayo überzeugt, um ein psychologisches Problem, das dazu angetan sei, einen „[…] Traum zur Erfüllung, zur
Verwirklichung" zu bringen (1854, 62). Der Doppelgänger erschien
also als Symptom einer psychologisch zu erklärenden Ursache.
Anderen, weniger rationalistisch eingestellten Zeitgenossen
Mayos galt der Doppelgänger – ganz der volkstümlichen Tradition

gemäß – als „[...] sichere Vorbedeutung des Todes" (Fischer 1839, 201). Die Psychoanalyse schließlich verbindet die volkstümliche Vorstellung mit der psychodynamischen Triebtheorie. So schreibt der Psychoanalytiker Alfred Winterstein:

> [...] [G]egen seine Bedrohung durch die Todesvorstellung produziert als Abwehrphänomen den die narzißtische Selbst-liebe verkörpernden Doppelgänger, [...] da dieser namentlich im Aberglauben als Todesbote erscheint. (Winterstein 1921, 190)

Otto Rank insistierte in seinem psychoanalytischen Klassiker über den Doppelgänger darauf, dass dessen Todesbedeutung in Mythen, Märchen und Volksweisheiten auf seine narzisstische Bedeutung verweise (1925, 95). Der Doppelgänger ist darin nicht nur eine Metapher für die narzisstische Spiegelung, sondern auch für den Tod, der mit der Formel ‚Ich = Ich', mit dem Traum oder Albtraum völliger Identität zusammenfällt. *In vivo* ist diese ganz erreichte Identität freilich eine unerreichbare Illusion. Das heißt: Dort, wo der Doppelgänger denkbar wird, wird der Motor für die Herstellung von Identität als Fiktion entlarvt. Es handelt sich um eine Fiktion, der man meist unbewusst anheimfällt und die durchaus funktional sein kann, die sich dennoch aber in bestimmten Augenblicken als trügerisch, unglaubwürdig und zer-störerisch erweisen kann.

Der frühmoderne Doppelgänger der noch stark sozial stratifizierten Gesellschaft kann vor allem als eine Reaktion auf in der Sozialdimension auftretende Paradoxa gedeutet werden. Möglicherweise verlor das Doppelgängersujet im 20. Jahrhundert auch deshalb zunehmend – sowohl als Fiktion als auch als Symptom – an Bedeutung: Denn spätestens im 20. Jahrhundert konnte sich die Auflösung der dieses Phänomen her-vorbringenden Paradoxien durch die Zeitdimension durchsetzen. Das heißt, man geht nicht mehr von fixierten, nicht abstreifbaren Merkmalen aus, sondern davon, dass Individuen wandelbar sind. Sie müssen nicht mehr vollständig in ihren personalen Rollen aufgehen und derartige Rollenidentifikationen werden nur noch zeitlich beschränkt erwartet.

Mit den spätmodernen Imaginationen des digitalen Doubles und seiner Nutzung als Reflexionsfigur verhält es sich dagegen anders als mit den Doppelgängervorstellungen der frühen Moderne. Das digitale Double ist nicht vor allem ein Phänomen der Sozialdimension, eher erscheint es als Effekt der Instrumentalisierung der Zeitdimension: Etwas Vergangenes, die Datenspur, wird zur Prognose einer zukünftigen Identität verwendet und mit der gegenwärtigen Identität verschaltet. Nicht die Ununterscheidbarkeit von sozialer Rolle und Individuum erklärt die Nutzung des zeitgenössischen Doppelgängersujets in der digitalen Moderne, sondern das Erschrecken vor der Gleichzeitigkeit von ‚digitaler' Spur und ‚realer' Identität sowie der Rückbindung der Spur auf diese Identität. Man ist und ist doch nicht sein algorithmisch errechnetes Profil, man gesteht sich aber vielleicht ein: Das könnte ich sein.[9] Es gibt eine Ähnlichkeit, eine Verwandtschaft oder Überlagerung, die manchmal vielleicht allzu zwingend wirkt. Gerade dann stellt sich das Unheimliche ein, das, wie schon Freud schreibt, immer in engem Zusammenhang mit dem Vertrauten steht (1924, 371). Dieses Unheimlich-Heimliche ist ganz offenbar die Heimsuchung durch eine Identität, die man vordem allenfalls als Möglichkeitshorizont angenommen hatte. Diese Gleichzeitigkeit von Spur und Identität erschöpft sich aber auch nicht in einem spiegelbildlichen Abbildungsverhältnis: Die Verdopplung ist zum Teil autonom. Ihr kommt in gewisser Weise agency zu.

Anders als der vor- und frühmoderne Doppelgänger ermöglicht sein spätmodernes Pendant auch Identifikation: Gerade hier kommen meines Erachtens medientechnisch zu erklärende Innovationen in Form von Rückkopplungsschleifen zum Tragen. Parallel zum Wachsen des digitalen Schattens wächst

9   Nachvollziehbar etwa nach einem Besuch von Google auf:
     https://www.google.com/ads/preferences/.

auch der Traum von Identität und Selbstkohärenz. Immer ist das Individuum die andere Seite des Doppelgängers. Individualisierung bedeutet immer auch Individualisierung durch Fiktionen, die sich der Adressierte zu eigen machen kann: Im massenmedialen Zeitalter handelte es sich dabei um Inhalte von Romanen, die Identifizierung mit Charakteren in Seifenopern, Sportstars etc. (Luhmann 2009, 91). Algorithmische Plattformen produzieren ebenfalls solche Fiktionen, aber nun wird – im Gegensatz zu den vor-, früh- und hochmodernen Fiktionen der Massenmedien und des Romans – der Benutzer der Webplattformen selbst zunehmend zum Inhalt von personalisierten Fiktionen und somit zur direkten Referenz von Identitätsproduktion. Das digitale Double ist eine Realfiktion. Zugleich handelt es sich, systemtheoretisch ausgedrückt, dabei immer auch um Interpénétration, also um „[...] die Möglichkeit, innerhalb der gesellschaftlichen Kommunikation der Komplexität individueller Bewußtseinsbildung Rechnung zu tragen" (92). Der Doppelgänger rückt erst als die andere, gescheiterte Seite des Angebots an hoch personalisierten Identitätsfiktionen in den Blick: Das geschieht etwa, wenn man sich in den Unterstellungen der Profiling-Algorithmen nicht wiedererkennt. Oder aber dann, wenn es offensichtlich wird, dass die jeweiligen Fiktionen nicht mehr nur vom Individuum, sondern auch von Organisationen genutzt werden und die Gefahr besteht, dass die Identitätsfiktionen mit dem Individuum verwechselt werden.

Dabei bezeugt der Doppelgänger gerade den Grenzfall und das Scheitern der Repräsentation. Etwas vom Selben repräsentiert nicht. Das Datendouble geht gewissermaßen – und darin ähnelt es seinem literarischen Ahnen – dem Phantasma des authentischen, mit sich selbst gleichen Individuums auf den Leim: Das, was als Doppelgänger erscheint, kann nur so erscheinen, weil es als die Kopie eines Originals wahrgenommen wird. Sowohl das Individuum als auch sein Double sind also Opfer einer Authentizitätsfiktion. Nicht umsonst werden algorithmische Empfehlungssysteme heute nicht nur mit Rücksicht auf Werte wie

„soziale Akzeptanz", sondern auch auf Werte wie „Einzigartigkeit"
und „Authentizität" entworfen (Rennerberg 2010, 103). Was auch
immer man darunter verstehen mag.

Der paradoxe Effekt solcher phantasmatischer Fehldeutungen
besteht jedoch gerade auch wieder darin, die selbst- und fremd-
referentielle Produktion von Identitäten weiter anzutreiben:
Da weder Authentizität noch völlige algorithmische Überein-
stimmung erreichbar sind, kann die Arbeit sowohl an dem einen
wie an dem anderen Projekt auf Dauer gestellt werden. Gerade
der beständige Abgleich eines Individuums mit einem Daten-
double führt daher auch zu einem unaufhaltsamen Drift der
eigenen Identität, bzw. mit Armin Nassehi, zu einer „operativen
Identität" (Nassehi, 2002, 231), der es eher um Anschlüsse als
Ursprünge geht. Solange das digitale Double als Erweiterung
des Selbst (und Arbeit an diesem), nicht aber als sich verselbst-
ständigendes Gegenüber erfahren wird, solange die Anschluss-
möglichkeiten als plausibel und wünschenswert erfahren werden,
ist es nicht Gegenstand der Ablehnung sondern Gegenstand der
Identifikation.

Der Doppelgänger 2.0 verweist daher vielleicht auch noch auf
etwas anderes als auf die paradoxen Formen des Doppelgängers
bis um 1900: Neben der Entfremdungserfahrung durch den
Doppelgänger wird in einer zunehmend algorithmischen Kultur
über Medientechniken wie *Social Media-Timelines* und *Quantified
Self-Gadgets* auch die Identifikation mit dem Double und damit
eine Identität jenseits von Entfremdung und ihrer Aufhebung
denkbar. Mit der seltsamen Konsequenz, die Ferdinand Raimund
seiner Doppelgängerfigur, dem Alpenkönig, wenn auch in anderer
Absicht, in den Mund legt: „Wir haben alle zwei nur ein Leben"
(Raimund 1837, 247). Die Reflexionsfigur 1.0 des Doppelgängers
versperrte sich gegen Identifikationsmöglichkeiten. Es handelt
sich um die Figur einer unaufhebbaren Spaltung. Die Entfremdung, die durch den frühmodernen Doppelgänger 1.0
beklagt wird, ist absolut. Bei der 2.0-Version ist dies nicht der

Fall, da operationale, also zeitliche Auflösungsmöglichkeiten des
Alter-/Ego-Paradoxons zur Verfügung stehen.

Algorithmisches Profiling und Postentfremdung

Algorithmische Technologie hebt gewissermaßen die Entfremdung durch die Entfremdung als Methode auf: Jede Spur, die
man hinterlässt, stellt eine Entfremdung dar, mit jeder Spur tritt
man aus sich heraus, jede technisch vollzogene Rückkopplung
der eigenen Spuren mit denen der anderen, mit Organisationen
und sozialen Systemen, ist ein Überwinden der Entfremdung. Die
Doppelgängersemantik ist damit im digitalen Zeitalter eine bloß
temporäre Verdopplung, auf die wieder eine Vereinheitlichung
und Integration in die eigene Identität folgt. Algorithmische
Profilierung zielt auf eine Oszillation zwischen Entfremdung
und ihrer Überwindung ab. Diese Oszillation bezeichne ich als
Postentfremdung. Warum? Viele jüngere Entfremdungsbegriffe
greifen weder vorrangig auf die Vorstellung der entfremdeten
Arbeit, wie sie Marx ausführte, noch auf die Vorstellung einer
natürlichen oder substanziellen Individualität zurück, wie sie
noch von der älteren kritischen Theorie proklamiert wurde.
Diese Entfremdungsbegriffe sind weder materialistisch noch
ontologisch bestimmt, vielmehr scheinen sie phänomenologisch
konzipiert zu sein: Als derart bestimmte Begriffe sind auch die
Gegenbegriffe Erfahrungsbegriffe im weitesten Sinne. So stützt
sich Hartmut Rosa auf das Konzept der Resonanz, um eine nicht-
entfremdete Weltbeziehung zu beschreiben: Demnach drücken
sich „gelingende Weltbeziehungen" darin aus, dass die Welt
den „[...] Subjekten als ein antwortendes, atmendes, tragendes,
in manchen Momenten sogar wohlwollendes, entgegenkom-
mendes oder ‚gütiges' ‚Resonanzsystem' erscheint" (Rosa 2012, 9).
Dieses Konzept entspricht in auffälliger Weise dem, was algorithmische Technologie leistet, solange sich der Doppelgänger-Effekt
nicht einstellt: Algorithmische Technologien sind größtenteils

,Resonanzmaschinen'; sie versetzen ihre Nutzer in eine – im Sinne Simondons – transindividuelle Weltbeziehung. Bereits Simondon sprach davon, dass die Entfremdung nicht auf dem Gebiet des Sozialen zu verringern sei, zumindest nicht wenn damit die Gemeinschaft der Arbeit oder der Klasse gemeint ist und auch nicht auf dem Gebiet der „[...] interindividuellen Relationen, welche die Sozialpsychologie gewöhnlich in den Blick nimmt, sondern auf der Ebene des transindividuellen Kollektivs" (2012, 230). Die Frage nach der Aufhebung der Entfremdung wird letztlich zur Frage nach der verwendeten Vermittlungstechnologie (233). Deshalb ist die ,Weltbeziehung' des ,algorithmischen' Subjekts mit einem derartig gebrauchten Begriff der Entfremdung nicht zu fassen.[10]

Wenn algorithmische Systeme als Resonanzmaschinen bezeichnet werden können, kann angenommen werden, dass die Doppelgängersemantik in Bezug auf algorithmisch erzeugte Profile an Ambivalenz hinzugewinnt. Ich gehe davon aus, dass der Entfremdungserfahrung das Soziale als solches zugrunde liegt. Die Entfremdung ist immer schon da. Sie geht uns voraus. Cornelius Castoriadis hat das hervorgehoben, indem er betont hat, dass die Entfremdung auch bereits in archaischen Gesellschaften existiert hat (Castoriadis 1990, 188). Das bedeutet auch, dass wir nur in und durch die Entfremdung soziale Wesen sind. Eine völlige Abschaffung der Entfremdung bedeutete zugleich die Abschaffung des Sozialen. Und paradoxerweise schafft erst die Entfremdung die Bedingungen dafür, ,zu sich' zu kommen. Die totale Entfremdung ist also vielleicht erst dann erreicht, wenn das Empfinden der Entfremdung völlig verschwunden ist. Besorgt sein sollte man daher nicht nur über die Entfremdung, die mit dem Erscheinen des Doppelgängers reflektiert wird, sondern über das mögliche Verschwinden der Entfremdung, also über das Unvermögen, Distanz aufzubauen. Darin liegt auch die eigentliche Problematik algorithmischer Adjustierungs-,

---

10   Für eine dazu gegenläufige Position siehe: Andrejevic 2014.

Empfehlungs- und Auswertungsleistungen jenseits von die Überwachung betreffenden Überlegungen: Gefährdet ist gerade die
Inkompatibilität von Individuum und Gesellschaft, die sich in
der Entfremdungserfahrung äußert. Entfremdung ermöglicht
einen infiniten Regress, das endlose Wechselspiel zwischen
Entfremdung und Aneignung, Befreiung und Anheimfallen, sich
verlieren und Wiederfinden (siehe dazu: Eco 1977, 247). In dieser
Spannung entstehen erst das moderne Subjekt, Widerstand und
Innovation.

Bruno Latour spricht von „faire faire", vom „Machen-Lassen",
das letztlich nichts anderes ist als die Reaktualisierung des
hegelschen Entfremdungsgedankens: Beide

> Perspektiven, diejenige der Freiheit und diejenige der Ent-
> fremdung, machen uns blind für die seltsame Stellung der
> ‚Faitiches', die die Fähigkeit besitzen, einen Dinge tun zu
> lassen, die weder man selbst kontrollieren kann noch die
> Faitiches kontrollieren können. (Latour 2009, 362)

Die Frage für Bruno Latour lautet daher folgerichtig nicht, ob
wir frei oder gebunden sind, sondern wie wir gebunden sind:
ob die Bindung „gut oder schlecht" (362) ist. Das bedeutet auch,
dass es sich um eine Frage handelt, die entweder funktional
oder moralisch beantwortet werden kann. Die gegenwärtigen
Entfremdungsbegriffe scheitern jedoch allesamt daran, eine
Situation zu denken, in der es keinen sichtbaren Widerstand
mehr gibt, da die Dinge sich uns zu fügen beginnen, ohne noch
als gegenständlich erfahrbar zu sein. Dann stellt sich die Frage
nicht mehr nach dem Beenden aller Entfremdung oder ihrer
Einbindung in moralische oder funktionale Kategorien, sondern
die nach ihrer Notwendigkeit, nach Möglichkeiten, Distanz zu
den Dingen herzustellen. Für Hartmut Rosa sind all jene ent-
fremdet, deren Vorstellung des gelingenden Lebens sich mit dem
tatsächlichen Leben nicht in Einklang bringen lässt (2012, 271).
Algorithmische Technologie ist zwar bislang nicht dazu in der
Lage, ein ‚gelingendes Leben' zu produzieren, augenscheinlich

ist aber doch, dass diese Technologie Einklang von Erwartungen und Realisierbarem konstruieren, dass sie Resonanz herstellen soll und der dynamischen Einbettung in soziale Systeme dient. Deshalb müsste man solche Formen ‚algorithmischer Vergesellschaftung' als jenseits von Entfremdung und ihrer Aufhebung liegend denken, sozusagen als Kennzeichen einer Post-Entfremdungsgesellschaft.

Dort, wo algorithmische Vergesellschaftung Anwendung findet, lassen sich durchaus Entwicklungen erkennen, die auf die Herstellung von soziotechnischen Resonanzformen schließen lassen: Es kommt zur Annäherung der Erwartungen des Bewusstseins an die Operationen des Systems sowie zur Abschwächung der psychisch wie sozial belastenden Folgen, die durch die Differenz zwischen Bewusstsein und Gesellschaft entstehen. Genau diese Differenz wurde und wird unter dem Namen „Entfremdung" debattiert (Luhmann 2004, 64). Durch die Ansammlung und Bearbeitung personal zugerechneter Daten wird dieser Graben zugeschüttet. Es kommt zu einer immer situativen, sich aber kontinuierlich weiter entfaltenden Einschließung personaler Identitäten in die Kommunikation, zu einer Kopplung technologischer Rationalität mit individuellen Bedürfnissen. Was aber, wenn Entfremdung nicht einfach nur bedeutet, das zu tun, was man nicht will, sondern sie sich darin ausdrückt, dass man, ohne noch in die geringste Verlegenheit des Zweifelns geraten zu müssen, zu tun vermag, was man zu wollen glaubt. Dies ist vielleicht der Horizont, den eine ‚kritische' Analyse ‚sozioalgorithmischer' Technologie in Rechnung zu stellen hätte. In diesem Sinne sollte man sich im digitalen Zeitalter vielleicht weniger um den digitalen Doppelgänger sorgen, als vielmehr darum, dass er als populäre Reflexionsfigur wieder von der Bildfläche verschwindet.

Literatur

Andersen, Hans-Christian. 1997. *Schräge Märchen*. Frankfurt a.M.: Eichborn Verlag.

Andrejevic, Mark. 2014. „Alienation's Returns". In *Critique, Social Media and the Information Society*, herausgegeben von Christian Fuchs und Marisol Sandoval, 179–190. New York/London: Routledge.

Cheney-Lippold, John. 2011. „A New Algorithmic Identity, Soft Biopolitics and the Modulation of Control". In *Theory, Culture & Society* 28 (6): 164–181.

Dostojewskij, Fjodor M. 1996. *Der Doppelgänger*. München: Dtv.

Eco, Umberto. 1977. *Das offene Kunstwerk*. Frankfurt a.M.: Suhrkamp.

Engemann, Christoph. 2013. „Write me down, make me real – zur Gouverneme-dialität digitaler Identität". In *Quoten, Kurven und Profile, Zur Vermessung der sozialen Welt*, herausgegeben von Jan-Hendrik Passoth, Josef Wehner, 205–227. Wiesbaden: Springer VS.

Fischer, Friedrich. 1839. *Der Somnambulismus. Erster Band: Das Schlafwandeln und die Vision*. Basel: Schweighauser'sche Buchhandlung.

Frenzel, Elisabeth. 1980. *Motive der Weltliteratur: Ein Lexikon dichtungsgeschichtlicher Längsschnitte*, 2. verbesserte und um ein Register erweiterte Auflage. Stuttgart: Alfred Kröner Verlag.

Freud, Siegmund. 1924. „Das Unheimliche". In *Gesammelte Schriften, Zehnter Band: Totem und Tabu/Arbeiten zur Anwendung der Psychoanalyse*. Wien: Internationaler Psychoanalytischer Verlag.

Herdman, John. 1990. *The Double in Nineteenth-Century Fiction*. London: The MacMillan Press.

Hoffmann, E.T.A. 2010. *Die Elixiere des Teufels*. Frankfurt a.M.: Fischer Verlag.

Jarrett, Kylie. 2014. „A Database of Intention?". In *Society of the Query Reader: Reflections on Web Search*, herausgegeben von René König und Miriam Rasch, 16–29. Amsterdam: Institute of Network Cultures.

Latour, Bruno. 2009. „Faktur/Fraktur: Vom Netzwerk zur Bindung". In *Bios und Zoë: Die menschliche Natur im Zeitalter ihrer technischen Reproduzierbarkeit*, herausgegeben von Martin G. Weiß, 359–385. Frankfurt a.M.: Suhrkamp.

Luhmann, Niklas. 1991. *Soziale Systeme, Grundriß einer allgemeinen Theorie*. Frankfurt a.M.: Suhrkamp.

Luhmann, Niklas. 2004. *Ökologische Kommunikation: Kann die moderne Gesellschaft sich auf ökologische Gefährdungen einstellen?* Wiesbaden: VS Verlag für Sozialwissenschaften.

Luhmann, Niklas. 2009. *Die Realität der Massenmedien*. Wiesbaden: VS Verlag für Sozialwissenschaften.

Maupassant, Guy de. 1905. *Der Horla. Novellen*. Berlin: Egon Fleischel & Co.

Mayo, Herbert. 1854. *Wahrheiten im Volksaberglauben, nebst Untersuchungen über das Wesen des Mesmerismus*. Leipzig: Brockhaus.

Nassehi, Armin. 2002. „Überraschte Identitäten: Über die kommunikative Formierung von Identitäten und Differenzen nebst einigen Bemerkungen zu theoretischen Kontexturen." In *Transitorische Identität: Der Prozesscharakter des modernen Selbst*, herausgegeben von Jürgen Straub und Joachim Renn, 211–237. Frankfurt a.M./New York: Campus.

Plessner, Helmuth. 1982. *Mit anderen Augen: Aspekte einer philosophischen Anthropologie*. Stuttgart: Philipp Reclam Junior.

Poe, Edgar Allen. 1909. *Selected Tales of Mystery*. London: Sidgwick & Jackson Ltd.

Raimund, Ferdinand. 1837. „Der Alpenkönig, und: der Menschenfeind". In *Ferdinand Raimund's sämmtliche Werke*, herausgegeben von Johann Nepomuk Vogl. Wien: Rohrmann & Schweigerd.

Raley, Rita. 2013. „Dataveillance and Countervailance". In *„Raw Data" is an Oxymoron*, herausgegeben von Lisa Gitelman, 121–146. Cambridge, MA/London: MIT Press.

Rank, Otto. 1925. *Der Doppelgänger, Eine psychoanalytische Studie*. Leipzig/Wien/Zürich: Internationaler Psychoanalytischer Verlag.

Rennerberg, Volker. 2010. *Adaptives, baukastenbasiertes Recommendersystem*. Köln: Josef Eul Verlag.

Ricci, Francesco, Lior Rokach und Bracha Shapira. 2011. „Introduction to Recommender Systems Handbook". In *Recommender Systems Handbook*, herausgegeben von Francesco Ricci, Lior Rokach und Bracha Shapira, 1–35. New York/Dodrecht/Heidelberg/London: Springer Science+Business Media.

Rosa, Hartmut. 2012. *Weltbeziehungen im Zeitalter der Beschleunigung, Umrisse einer neuen Gesellschaftskritik*. Berlin: Suhrkamp.

Schirrmacher, Frank. 2013. „Der verwettete Mensch". *FAZ Online*. http://www.faz.net/aktuell/feuilleton/nsa-skandal-der-verwettete-mensch-12223220.html. Letzter Zugriff am 05. November 2013.

Simondon, Gilbert. 2012. *Die Existenzweise technischer Objekte*. Zürich: diaphanes.

Tarde, Gabriel. 2009. *Die Gesetze der Nachahmung*. Frankfurt a.M.: Suhrkamp.

Wigan, A. L. 1844. *A New View of Insanity: The Duality of the Mind, Proved by the Structure, Functions, And Diseases of the Brain and by the Phenomena of Mental Derangement, and Shewn to be Essential to Moral Responsibility*. London: Longman, Brown, Green, and Longmans.

Wilde, Oscar. 2006. *The Picture of Dorian Gray*. New York: Oxford University Press.

Winterstein, Alfred. 1921. „Der Sammler". In *Imago: Zeitschrift für Anwendung der Psychoanalyse auf die Geisteswissenschaften* 7 (2): 180–194.

PERSONALITÄT

PRIVATHEIT

SELBSTPFLEGE

ERREICHBARKEIT

KOMPOSITION

SOZIALE LABORE

5

Profile als Labore des Privaten

Fabian Pittroff

Im Zuge der Digitalisierung ist es zu einer neuen Verunsicherung des Privaten gekommen. Neben einer Krise der Kontrolle von Daten entfaltet sich eine Situation, in der die Herstellung und Streuung persönlicher Daten attraktiv und notwendig ist. Die grundlegende These dieses Beitrags lautet, dass diese Situation mit der Art und Weise zu tun hat, wie Menschen in ihre Umwelten eingebunden werden und sich selbst einbinden. Zur Analyse werde ich deshalb drei Theorien zusammenbringen, die helfen zu klären, wie sich Menschen als Personen situieren. Digital vernetzte Profile spielen dabei eine entscheidende Rolle, insofern sie die Möglichkeit eröffnen, persönliche Daten zu versammeln und sich mit deren Hilfe als Personen zu formieren. Vor diesem Hintergrund wird deutlich, dass der gegenwärtige Wandel des Privaten mit einer Transformation des Verhältnisses von Menschen zu ihrer Umwelt einhergeht. Profile erscheinen in dieser Situation als Instanzen einer Neuordnung von Privatheit und Personalität. Deshalb sollten Profile auch als Labore für neue Formen des Privaten gelesen werden.

Auch wenn das Private immer unscharf und umstritten war
(Geuss 2013), kommt es im Zuge der Digitalisierung und den
damit einhergehenden Praktiken doch zu einer epochalen Verunsicherung von Privatheit (Ochs 2015). Es sind insbesondere zwei
Trends, die diese Verunsicherung begleiten: Neben einer Krise
der Kontrollierbarkeit von Daten etablieren sich Konstellationen,
die die Produktion und Verbreitung persönlicher Daten attraktiv
machen. Für beide Trends spielen digital vernetzte Profile von
Personen eine entscheidende Rolle. In Profilen werden Daten
zu Sets verknüpft und generieren dabei auf teils überraschende
Weise Informationen. Eine Profilbildung in diesem Sinne
geschieht nicht selten hinter dem Rücken der referenzierten
Personen. UserInnen präsentieren sich Profile außerdem als
attraktive Gelegenheiten, Daten über die eigene Person zu
versammeln und bieten Menschen so die Möglichkeit, sich in
spezifischer Weise als Personen zu formieren (Bublitz 2014). Um
gegenwärtige Krisen der Privatheit nicht nur als technische oder
moralische Probleme zu verbuchen, lohnt es sich deshalb jene
Konstellationen zu untersuchen, die Profile zu Instanzen der Personalisierung machen.

Dafür will ich in diesem Beitrag Aspekte aus drei soziologischen
Theorien zusammenbringen. Diese sollen helfen zu verstehen,
wie Menschen gegenwärtig personalisiert werden und sich selbst
personalisieren, d.h. wie Menschen als Personen in ihre sozialen
und materiellen Umwelten eingebunden werden und sich selbst
einbinden. Diese Herangehensweise ist für Analysen der Transformation des Privaten wenigstens dann relevant, wenn neue
Möglichkeiten und Anforderungen der Personalisierung mit
traditionellen Privatheiten inkompatibel sind. Profile erscheinen
vor diesem Hintergrund als relevante Schauplätze einer Neuordnung von Privatheit und Personalität. Dabei sollten Profile
und Profilbildung nicht nur als Gefahr für das Private verstanden
werden, sondern auch als soziale Labore, in denen mit neuen
Formen des Privaten experimentiert wird.

Wenn es um persönliche Daten in digital vernetzten Kontexten
geht, kann zunächst festgestellt werden, dass die Mechanismen der Speicherung, Verteilung und Verknüpfung von Daten
zunehmend komplizierter geworden sind. Zugleich werden die
gegenwärtigen und zukünftigen Möglichkeiten der Informations-
erzeugung auf Basis von Inferenzen unübersichtlicher. Insgesamt führen die Prozesse und Praktiken einer vernetzten
Digitalisierung zu einer schwer kontrollierbaren Proliferation von
Daten (boyd 2012; boyd/Crawford 2012; Seemann 2014, 15–38).
Personen müssen heute vermehrt damit rechnen, dass Daten,
die sie betreffen, gegen ihren Willen gesammelt oder verteilt
werden. Dabei kann potenziell jedes Datum durch Verknüpfung
mit anderen Daten zu einem persönlichen Datum werden.

Außerdem etablieren sich soziale und materielle Konstellationen,
die eine Verteilung von persönlichen Daten belohnen und
fordern. Milliarden von UserInnen füllen *Social Networking Sites*
(SNS) engagiert und unentlohnt mit Daten rund um die eigene
Person. Es ist nicht nur schwierig persönliche Daten zurück-
zuhalten, es scheint außerdem Anreize und Anforderungen zu
geben, Daten aktiv und offensiv zu verbreiten. Die These dieses
Beitrags lautet deshalb, dass ein neuer *Modus der Personalisierung*
an Bedeutung gewinnt, der es attraktiv macht, Daten herzustellen und zu streuen. Profile treten in dieser Situation als will-
kommene Werkzeuge auf, die es ermöglichen persönliche Daten
zu versammeln und so die eigene Sozialität zu managen (Sauter
2014).

Momente einer neuen Personalität:
Pflege, Erreichbarkeit und Komposition

Im Folgenden werde ich drei Theorien zusammenbringen, die der
Frage nachgehen, wie Menschen in ihre sozialen und materiellen
Umwelten eingebunden werden und sich selbst einbinden. Mit
Hilfe dieser Theorien möchte ich die These plausibilisieren,
dass es aktuell wichtig ist, in einer bestimmten Weise als *Person*

formiert zu werden. Ein spezifischer Modus der Personalisierung, d.h. eine kontingente Konstellation, aus der hervorgeht, wie Menschen in ihre Umwelten eingebunden werden, bezeichne ich als Personalität. Auf dieser Grundlage rekonstruiere ich eine Personalität, die durch drei Momente gekennzeichnet ist: Pflege, Erreichbarkeit und Komposition. Alle drei Momente verweisen darauf, inwiefern es für Menschen wichtig ist, als Personen wahrgenommen zu werden. Um diesen Modus der Personalisierung zu skizzieren, werde ich erstens im Anschluss an Michel Foucault Individualisierung als Form von Subjektivierung beschreiben, zweitens mit Niklas Luhmann Personalisierung als spezifischen Umgang mit Individualisierung rekonstruieren und drittens mit einer Metapher Bruno Latours Personalisierung als Prozess der Vernetzung und Komposition konzeptualisieren.

Das moderne Phänomen der Individualisierung kann gelesen werden als kontingente und typisch moderne Form der Subjektivierung, bei der sich Menschen nicht über Positionen oder Zugehörigkeiten definieren, sondern durch Unterschiede zu anderen Menschen (Bröckling 2007, 23–27; Luhmann 1993, 251–254; Reckwitz 2012, 11–20). Diese Tendenz hat sich soweit verstärkt, dass zunehmend mit individuellem Verhalten gerechnet wird und entsprechend Individualität verfügbar sein muss – die Individuen werden immer individueller, Individualität wird zur Pflicht (Beck 1986; Giddens 1991; Luhmann 1993). Als Subjektivierungsmodus lässt sich Individualisierung außerdem beschreiben als „Formungsprozess, bei dem gesellschaftliche Zurichtung und Selbstmodellierung in eins gehen" (Bröckling 2007, 31). Das Bündel von Verfahren, Institutionen und Technologien, das eine solche Konstellation von Fremd- und Selbstformungen hervorbringt, wird mithin als *Gouvernementalität* bezeichnet (Foucault 2010; Bröckling 2007). Dieses Konzept lenkt die Analyse auf die Schnittstellen von Macht und Subjektivität, in dem es markiert, wie Machttechniken und Selbstpraktiken ineinandergreifen (Foucault 1994; Gertenbach 2012). Diese Regierungsweisen greifen tief in die Lebensführung der Individuen ein, indem

die Regierten dazu angehalten werden, die eigene Identität
als unabgeschlossenes Projekt zu pflegen und zu verfeinern
(Bröckling 2007, 278–282; Bublitz 2014). Für die Subjekte einer
solchen Regierung werden Flexibilität und Selbstverwirklichung
zum Zwang, sich selbst zu bewerten und zu optimieren (Leistert und Röhle 2011, 22). Dafür nutzen die Subjekte verschiedene
„Technologien des Selbst", die es ihnen ermöglichen, sich entsprechend zu verändern (Foucault 1986; 1993). Die *Pflege* der
eigenen Individualität wird zur zentralen Aufgabe.

In dieser Situation verordneter und prekärer Individualität
wird Personalisierung zu einer Strategie, die Konsistenz und
Erwartungssicherheit generieren soll, indem Personen als
soziale Adressen und Kopplungspunkte für Identität fungieren
(Luhmann 1995). Dazu gehört die Fähigkeit, Selbstbeschreibungen
zu formulieren, auf deren Basis Probleme und Inkonsistenzen
reflektiert werden können. Einzigartigkeit wird zur Prämisse
im Umgang mit anderen und Personalisierung soll die Widersprüche abfangen, die dabei entstehen (Luhmann 1993).
Aus systemtheoretischer Perspektive sind die Personen der
Moderne dabei nie ganz bestimmten gesellschaftlichen Funk-
tionssystemen zugeordnet, sondern „sozial ortlos" (Luhmann
1994, 16). Die Teilsysteme sind entsprechend nur sensibel für
unpersönliche Beziehungen und schmale Ausschnitte der Personen. Als Ausgleich genügt es nicht, wenn die individualisierten
Personen versuchen, sich auf die scheinbare Autonomie des
eigenen Selbst zurückzuziehen. Sie sind stattdessen angewiesen
auf die Etablierung von Situationen, in denen Beziehungen zu
anderen Personen möglich werden (Luhmann 1994, 193–196).
In diesem Sinne sind Individuen angehalten sich in spezifischer
Weise zu personalisieren – die Arbeit an der eigenen Person wird
zur Pflicht. Personalisierung wird zum Drahtseilakt zwischen
Individualisierung und der Pflege von Erwartungssicherheit. Es
herrscht die „Notwendigkeit, der zu bleiben, der zu sein man vor-
getäuscht hatte" (Luhmann 1995, 150). Das Konzept *Adressabilität*
markiert in dieser Situation, dass Personalisierung für Individuen

bedeutet, als soziale Adresse wahrgenommen zu werden (Fuchs 1997). Adressabilität zeigt an, warum es für Menschen wichtig ist, als etwas wahrgenommen zu werden, das fähig ist zur Selbstreferenz und auf Kommunikation mit Verstehen und Antworten reagieren kann. Als Personen werden Individuen *erreichbar*.

Gleichzeitig wird Vernetzung zu einem wichtigen Modus von Sozialität (Bauman 2015; Boltanksi und Chiapello 2003; Laux 2014). Um diese Tendenz der Gegenwart in die Analyse einzubinden, bietet sich das Konzept der *Plug-ins* an (Latour 2010, 352–368). Diese Metapher der Akteur-Netzwerk-Theorie (ANT) konzeptualisiert Personen als Schwarm diverser assoziierter Entitäten: Personen sind hier Effekte von Netzwerken subjektivierender, personalisierender und individualisierender Entitäten. Die Analyse von Personalität wird so erstens sensibel für die Beteiligung materieller, technischer und digitaler Objekte (Latour 1996, 21; 2002, 236), zweitens ergibt sich die Möglichkeit, Vernetzung als wichtige Form von Sozialität zu berücksichtigen. Auch wenn Latour selbst den Netzwerk-Begriff weniger als Mittel der Zeitdiagnose und mehr als transhistorisches Werkzeug der Sozialtheorie eingeführt hat, scheint es gerechtfertigt, den Begriff zu historisieren und sowohl sozial- als auch gesellschaftstheoretisch zu interpretieren (Laux 2014, 277–282). Fruchtbar ist dabei gerade die Koinzidenz analytischer und zeitdiagnostischer Aspekte. So erinnert das Plug-in-Konzept nicht nur analytisch an die aktive Rolle diverser nicht-menschlicher Entitäten, sondern verweist außerdem im Sinne einer Zeitdiagnose darauf, dass Personalisierung aktuell durch Hybridisierung, Relationierung und Vernetzung bestimmt ist (Laux 2014, 235–265). Diesen Komplex bezeichne ich hier mit dem Begriff *Komposition* (Latour 2013; Laux 2014).

Auch wenn die drei mobilisierten Theorien teils radikal verschieden arbeiten, scheint mir ihre Versammlung an dieser Stelle gerechtfertigt. Denn alle drei Ansätze beschreiben in einer auf einander beziehbaren und komplementären Weise eine Situation, in der es für Menschen möglich, attraktiv und notwendig ist,

als Personen formiert zu werden und sich selbst als solche zu
formieren (Bröckling 2013, 80). Gouvernementalitätsanalytisch
gilt Individualisierung als wirkmächtige Form der Subjektivierung.
Kombiniert mit dem Konzept der Adressabilität, verschärft sich
der Verdacht, dass es zu einer zentralen Aufgabe geworden ist,
als individuelle Person erreichbar zu sein. Die Metapher der
Plug-ins schließlich erweitert die Diagnose um sozial- und gesell-
schaftstheoretische Momente der Vernetzung. Die Konzepte
unterscheiden und ergänzen sich außerdem hinsichtlich ihrer
normativen Ausrichtung: Während Adressabilität als funk-
tionalistische Problemlösung vorgestellt wird, erscheint Gouvernementalität eher als herrschende Regierungskonstellation.
Latours *Plug-ins* schließlich betonen die ermöglichenden und
ermächtigenden Effekte von Personalisierung. Zusammen-
genommen zeichnet sich ein Modus der Personalisierung ab,
den ich als *Personalität der Pflege, Erreichbarkeit und Komposition*
bezeichnen will.

Alte und neue Privatheiten

Angesichts der im vorangegangenen Kapitel skizzierten Konzepte
lässt sich erkennen, wie prekär die traditionelle bürgerliche Privatheit ist. Durch eine Zuspitzung auf die Momente der Pflege,
Erreichbarkeit und Komposition zeigt sich, inwiefern ein neuer
Modus der Personalisierung mit traditionellen Formen von
Privatheit inkompatibel ist. Die bürgerliche Subjektkultur und
ihre Privatheit des Rückzugs und der Innerlichkeit scheinen an
Bedeutung zu verlieren, während neue Privatheitspraktiken
erprobt werden (Nassehi 2014; Nissenbaum 2010; Ochs 2015;
Reckwitz 2006, 55; Stalder 2013). Wenn aktuelle Krisen des Privaten von einer Transformation von Personalität begleitet oder
befördert werden, kann ein Wandel der Privatheit nicht mehr nur
mit mangelhafter Aufklärung über technische Zusammenhänge
oder falschen moralischen Anreizen erklärt werden. Wenn es
für Menschen zunehmend attraktiv oder wichtig ist, sich in einer
erreichbaren und vernetzenden Weise zu personalisieren, laufen

Widerstandspraktiken ins Leere, die bürgerliche Privatheit als einzige Quelle von Individualität und Autonomie voraussetzten (Ganz 2011; 2015).

Typischerweise gilt individuelle Autonomie als hinreichendes Ergebnis gelungener Privatheit, wie etwa im sozialphilosophischen Klassiker „Der Wert des Privaten" von Beate Rössler (2001, 23, 139). Während der Moderne waren Privatheit und Personalität zeitweise in symbiotischer Beziehung verbunden, insofern Privatsphäre als materieller und informationeller Schutzraum für Prozesse der Personalisierung konzipiert war (Habermas 1969, 29; Luhmann 1995, 125–128; Rössler 2001, 279, 330). Im Gegensatz dazu schlage ich hinsichtlich der hier skizzierten Personalität vor, Analysen des Privaten nicht auf Fragen individueller Informationskontrolle oder Autonomie zu beschränken und stattdessen für die Kollektivität und Pluralität neuer Privatheiten sensibel zu sein (Marwick und boyd 2014; Ochs 2015; Stalder 2011). Ein Modus der Personalisierung, der dynamische Pflege und Ausweitung verlangt, sabotiert Bedingungen einer Privatheit, die auf Rückzug und Innerlichkeit setzt (Bublitz 2014, 19; Mönkeberg 2014, 273; Stalder 2016, 140).

Profile als Labore

In einer Situation, in der Praktiken der Personalisierung und deren Management zur wichtigen Aufgabe und Kompetenz werden, spielen Profile von Personen eine zentrale Rolle. Daten werden persönlich durch die Kopplung an Profile, die dadurch zu zentralen Schnittstellen der Personalisierung werden. Der Begriff Schnittstelle markiert dann auch die Möglichkeit, dass Profile Oberflächenphänomene sind, deren Konstitutionsbedingungen in einer *Black Box* verborgen bleiben. Profile selbst sind sichtbar und folgenreich, die Mechanismen ihrer Genese bleiben teils opak. Die Lust und Pflicht zur Personalisierung wird ökonomisch kanalisiert und abgeschöpft, etwa durch Profilbildung zur Identifikation von KonsumentInnen. Auch um diese ökonomische

Ausbeutung persönlicher Daten besser zu verstehen, gilt es die Situationen miteinzubeziehen, in denen solche verwertbaren Daten hergestellt werden.

Gerade um Profile auf SNS etablieren sich solche Situationen der Datenproduktion als attraktive Gelegenheiten zu einer *Personalisierung der Pflege, Erreichbarkeit und Komposition*, auch weil sie UserInnen auf bestimmte Formen verpflichten. Gouvernementalitätsanalysen interpretieren dies nicht zu Unrecht als Training von Selbstbewertung und -kontrolle (Leistert und Röhle 2011, 22). Mit Hilfe des Konzepts der Adressabilität erscheinen Praktiken der Profilierung dann aber auch als Chancen, die eigene Individualität erreichbar zu machen, ohne sie zu fixieren. Interpretiert als *Plug-ins* werden Profile darüber hinaus erkennbar als machtvolle und ermächtigende Elemente einer offenen und ausweitenden Personalisierung. Wenn es wichtig ist, als individuelle Person erreichbar zu sein, wird auch plausibel, inwiefern es attraktiv und notwendig ist, persönliche Daten in Profilen zu bündeln, zu kuratieren und zu verbreiten. Profile etablieren damit immer auch Situationen der sozialen Positionierung von Personen.

Ausgehend von einer traditionellen Privatheit des Rückzugs und der Innerlichkeit, erscheinen Praktiken der Profilierung als überforderndes oder spielerisches Grenzmanagement zwischen Öffentlichkeit und Privatsphäre (Ballenthien, Carstensen und Winkler 2014). Es geht dann um ein erzwungenes oder autonomes Sortieren persönlicher Daten nach festen Kategorien von öffentlich und privat. Analysen sollten aber darüber hinaus sensibel sein für die Möglichkeit, dass sich das Private transformiert und multipliziert. Wenn Profile als Instanzen und Werkzeuge einer Transformation von Personalität auftreten, ist damit zu rechnen, dass in Situationen der Profilierung auch mit neuen Formen des Privaten experimentiert wird. So müssen etwa neue Kompromisse für mögliche Konflikte zwischen alter Privatheit und neuer Personalität gefunden werden. Zwar bedeutet eine Teilnahme an SNS häufig die Aufgabe von Privatheit gegenüber den

BetreiberInnen der jeweiligen Plattform, ermöglicht aber zugleich eine Vielzahl neuer Privatheitspraktiken, die jeweils immer auch jemanden ausschließen. Durch Privacy-Einstellungen, Gruppen und Chats wird versucht zu managen, wer oder was Zugang zu welchen Profilen haben soll (Seemann 2015). Bekannt ist etwa auch die Praxis der Etablierung von Privatheit durch gezielte Veröffentlichung (Miller 2012, 104–121) oder unter dem Stichwort *Obfuscation* die Verschleierung persönlicher Profile durch gezielte Produktion irreführender und mehrdeutiger Daten (Brunton und Nissenbaum 2013). Das alles sind Situationen, in denen mittels Profilierung diverse Konstellationen von Zugang und Ausschluss mobilisiert werden, die insgesamt nicht eindeutig privat oder öffentlich sind. In diesem Sinne will ich vorschlagen, Profile auch als Labore des Privaten zu verstehen. Es ist anschließend eine Aufgabe empirischer Forschung nachzuvollziehen, welche neuen Privatheiten rund um Profile entstehen und institutionalisiert werden.

Literatur

Bauman, Zygmunt. 2015. „From Privacy to Publicity", Vortrag am 07. Mai 2015 auf der Republica. Berlin.

Beck, Ulrich. 1986. *Risikogesellschaft: Auf dem Weg in eine andere Moderne.* Frankfurt a.M.: Suhrkamp.

Boltanski, Luc und Ève Chiapello. 2003. Der neue Geist des Kapitalismus. Konstanz: UVK.

boyd, danah und Kate Crawford. 2012. „Critical Questions for Big Data: Provocations for a cultural, technological, and scholarly phenomenon". *Information, Communication & Society* 15 (5): 662–679. doi:10.1080/1369118X.2012.678878. Letzter Zugriff am 12. Januar 2017.

Bröckling, Ulrich. 2007. *Das unternehmerische Selbst: Soziologie einer Subjektivierungsform.* Frankfurt a.M.: Suhrkamp.

Bröckling, Ulrich. 2013. „Der Mensch ist das Maß aller Schneider". In *Der Mensch – nach Rücksprache mit der Soziologie,* herausgegeben von Michael Corsten, 105–124. Frankfurt a.M.: Campus Verlag.

Bublitz, Hannelore. 2014. „Im Beichtstuhl der Medien – Konstitution des Subjekts im öffentlichen Bekenntnis." *Österreichische Zeitschrift für Soziologie* 39 (S1): 7–21. doi:10.1007/s11614-014-0128-4. Letzter Zugriff am 12. Januar 2017.

Carstensen, Tanja, Jana Ballenthien und Gabriele Winker. 2014. „Arbeitsalltag im Internet: Umgang mit mehrdimensionalen Entgrenzungen". In *Digitale Subjekte: Praktiken der Subjektivierung im Medienumbruch der Gegenwart,* herausgegeben

von Tanja Carstensen, Christina Schachtner, H. Schelhowe, und Raphael Beer,
29–80. Bielefeld: Transcript.

Foucault, Michel. 1986. *Sexualität und Wahrheit 3: Die Sorge um sich*. Übersetzt von Ulrich Raulf und Walter Seitter. Frankfurt a.M.: Suhrkamp.

Foucault, Michel. 1993. „Technologien des Selbst". In *Technologien des Selbst*, herausgegeben von Luther H. Martin, Michel Foucault und Michael Bischoff. Frankfurt a.M.: Fischer.

Foucault, Michel. 1994. „Das Subjekt und die Macht". In *Michel Foucault*, herausgegeben von Hubert L. Dreyfus und Paul Rabinow, 243–261. Weinheim: Beltz.

Foucault, Michel. 2010. „Die Gouvernementalität". In *Kritik des Regierens: Schriften zur Politik*, herausgegeben von Ulrich Bröckling, 91–117. Berlin: Suhrkamp.

Fuchs, Peter. 1997. „Adressabilität als Grundbegriff der soziologischen Systemtheorie". *Soziale Systeme* 3 (1): 57–79.

Ganz, Kathrin. 2011. „Die Datenfresser und post-private Technologien des Selbst". *i heart digital life*. http://iheartdigitallife.de/die-datenfresser-und-post-private-technologien-des-selbst/. Letzter Zugriff am 15. Mai 2016.

Ganz, Kathrin, 2015. „Zehn Jahre Netzbewegung: Konflikte um Privatheit im digitalen Bürgerrechtsaktivismus vor und nach Snowden." *Forschungsjournal Neue soziale Bewegungen* 28 (3): 35–45.

Gertenbach, Lars. 2012. „Governmentality Studies". In *Kultur: Von den Cultural Studies bis zu den Visual Studies. Eine Einführung*, herausgegeben von Stephan Moebius, 108–127. Bielefeld: Transcript.

Geuss, Raymond. 2013. *Privatheit: Eine Genealogie*. Berlin: Suhrkamp.

Giddens, Anthony. 1991. *Modernity and Self-identity: Self and Society in the Late Modern Age*. Stanford: Stanford University Press.

Habermas, Jürgen. 1969. *Strukturwandel der Öffentlichkeit: Untersuchungen zu einer Kategorie der bürgerlichen Gesellschaft*. Neuwied: Luchterhand.

Latour, Bruno. 1996. *Der Berliner Schlüssel: Erkundungen eines Liebhabers der Wissenschaften*. Berlin: Akademie-Verlag.

Latour, Bruno. 2002. *Die Hoffnung der Pandora. Untersuchungen zur Wirklichkeit der Wissenschaft*. Frankfurt a.M.: Suhrkamp.

Latour, Bruno. 2007. *Eine neue Soziologie für eine neue Gesellschaft: Einführung in die Akteur-Netzwerk-Theorie*. Berlin: Suhrkamp.

Latour, Bruno. 2013. „Versuch eines ‚Kompositionistischen Manifests'". *Zeitschrift für Theoretische Soziologie* 1: 8–30.

Laux, Henning. 2014. *Soziologie im Zeitalter der Komposition: Koordinaten einer integrativen Netzwerktheorie*. Weilerswist: Velbrück.

Leistert, Oliver und Theo Röhle. 2011. „Identifizieren, Verbinden, Verkaufen". In *Generation Facebook*, herausgegeben von Oliver Leistert und Theo Röhle, 7–30. Bielefeld: Transcript.

Luhmann, Niklas. 1993. „Individuum, Individualität, Individualismus". In *Gesellschaftsstruktur und Semantik*, 149–258. Frankfurt a.M.: Suhrkamp.

Luhmann, Niklas. 1994. *Liebe als Passion: Zur Codierung von Intimität*. Frankfurt a.M.: Suhrkamp.

112   Luhmann, Niklas. 1995. „Die Form ‚Person'". In *Soziologische Aufklärung*. Bd. 6,
142–154. Opladen: Westdeutscher Verlag.

Marwick, A. E. und d. boyd. 2014. „Networked Privacy: How Teenagers
Negotiate Context in Social Media." *New Media & Society* 16 (7): 1051–1067.
doi:10.1177/1461444814543995. Letzter Zugriff am 12. Januar 2017.

Miller, Daniel. 2012. *Das wilde Netzwerk: Ein ethnologischer Blick auf Facebook*. Berlin:
Suhrkamp.

Mönkeberg, Sarah. 2014. „Feststellungen der Identität? Über Nutzen und Laster
digitaler Sichtbarkeit." *Der Burger im Staat* 4: 268–277.

Nassehi, Armin. 2014. „Die Zurichtung des Privaten". In *Privat 2.0*, herausgegeben
von Armin Nassehi und Jakob Schrenk. Hamburg: Murmann.

Nissenbaum, Helen Fay. 2010. *Privacy in Context: Technology, Policy, and the Integrity
of Social Life*. Stanford, CA: Stanford Law Books.

Nissenbaum, Helen und Finn Brunton. 2013. „Political and Ethical Perspectives on
Data Obfuscation." In *Privacy, Due Process and the Computational Turn the Phi-
losophy of Law meets the Philosophy of Technology*, herausgegeben von Mireille
Hildebrandt und Katja de Vries, 164–188. Abingdon, Oxon/New York: Routledge.

Ochs, Carsten. 2015. „Die Kontrolle ist tot – lang lebe die Kontrolle! Plädoyer für ein
nach-bürgerliches Privatheitsverständnis". *Mediale Kontrolle unter Beobachtung:
MKUB* 4 (1). http://www.medialekontrolle.de/ausgaben/4-1-november-2015/.
Letzter Zugriff am 12. Januar 2017.

Reckwitz, Andreas. 2006. *Das hybride Subjekt: Eine Theorie der Subjektkulturen von der
bürgerlichen Moderne zur Postmoderne*. Weilerswist: Velbrück.

Reckwitz, Andreas. 2012. *Subjekt. Einsichten – Themen der Soziologie*. Bielefeld:
Transcript.

Rosa, Hartmut. 2005. *Beschleunigung: Die Veränderung der Zeitstrukturen in der
Moderne*. Frankfurt a.M.: Suhrkamp.

Reckwitz, Andreas. 2008. „Kritik der Zeitverhältnisse." In *Was ist Kritik?*, herausgegeben von Rahel Jaeggi und Tilo Wesche, 23–54. Frankfurt a.M.: Suhrkamp.

Rössler, Beate. 2001. *Der Wert des Privaten*. Bd. 1530. Frankfurt a.M.: Suhrkamp.

Sauter, Theresa. 2014. „Öffentlichmachung privater Subjekte im Web 2.0: Eine
Genealogie des Schreibens als Selbsttechnik." *Österreichische Zeitschrift für
Soziologie* 39 (1): 23–40. doi:10.1007/s11614-014-0129-3. Letzter Zugriff am 12.
Januar 2017.

Sebastian Brüggemann, Anne Reiher und Diana Spikowius. „Stellungnahme zu Profiling in der DS-GVO". *Telemedicus*. https://www.telemedicus.info/article/2882-
Telemedicus-Stellungnahme-zu-Profiling-in-der-DS-GVO.html. Letzter Zugriff am
29. Mai 2016.

Seemann, Michael. 2014. *Das neue Spiel: Strategien für die Welt nach dem digitalen
Kontrollverlust*. Freiburg im Breisgau: Orange-Press.

Seemann, Michael. 2015. „Plattformprivacy: Die Zukunft der Privatsphäre".
Zukunftsinstitut. https://www.zukunftsinstitut.de/artikel/tup-digital/05-cyber-
insecurity/01-longreads/plattformprivacy-die-zukunft-der-privatsphaere/.
Letzter Zugriff am 21. Mai 2016.

Stalder, Felix. 2013. *Digital Solidarity*. London: Mute.

Stalder, Felix. 2011. „Autonomy beyond Privacy? A Rejoinder to Colin Bennett".
   Surveillance & Society 8 (4): 508–512.

ONLINE-TRACKING

PERSONALISIERTE WERBUNG

ONLINE-PROFILING

DATA PARTICLES

DATENSCHUTZ

6

Googles Interessenprofiling

Martin Degeling

Google gilt als äußerst effektiv beim Erstellen von Profilen über NutzerInnen, um personalisierte Werbung zu schalten. Die vorliegende Studie zeigt, dass der Besuch von 100 Webseiten dazu führt, dass Google im Durchschnitt 16 Interessen ermittelt. Allerdings ist das automatisierte Profiling im Internet alles andere als genau. Eine gewisse Unschärfe liegt im Interesse eines Profilings, das nicht zum Ziel hat eine Person abzubilden, sondern jeweils für einen bestimmten Zeit- und Nutzungskontext Klassifizierungen vorzunehmen.

Online-Werbung, und damit die Finanzierungsbasis der meisten Internetdienste, ist ohne Profiling nicht mehr denkbar. Ausgehend vom ersten „Klick-Mich"-Banner 1994 (Turow 2012, 43) hat sich eine Industrie entwickelt, die mit Tracking und Profiling von InternetnutzerInnen Milliarden verdient und die Entwicklung des Internet insgesamt prägt. Im folgenden Beitrag möchte ich die technischen Rahmenbedingungen von Online-Tracking und Profiling vorstellen. Die Beschreibung geschieht mit Blick auf meine eigene Analyse der Praxis von Google als größtem und wichtigstem Akteur, der ein Interessenprofiling (Abb. 1) für eine große Zahl der InternetnutzerInnen durchführt. Dabei habe ich mich auf die Gruppe der UserInnen konzentriert, die nicht aktiv durch einen Login bei Google in das Profiling eingewilligt hat. Für die hier vorgestellte Studie wurden 506 InternetnutzerInnen simuliert, um das Profiling zu analysieren. Dabei zeigt sich einerseits, wie umfangreich die Profile sind, die erstellt werden – nach 100 Seitenaufrufen hat Google im Durchschnitt 16 Interessen ermittelt – und andererseits die hohe Ungenauigkeit dieser Verfahren. Dieselben 100 Seitenaufrufe führen zu teils sehr unterschiedlichen Profilen.

Ziel von Google und anderen AnbieterInnen[1] ist die Personalisierung von Werbung. Dem liegt die Annahme zu Grunde, dass auf Profile zugeschnittene und an vergangenem Verhalten ausgerichtete Anzeigen häufiger angeklickt und letztendlich mehr Vertragsabschlüsse oder Käufe produzieren werden (*Conversion Rate*) (McStay, 2011, 6). Operativ bedeutet das, dass Werbeanzeigen nicht einer möglichst großen Zahl von potentiellen KundInnen dargestellt werden sollen, sondern vor allen Dingen diejenigen zum Kauf animiert werden sollen, denen ein tatsächliches Interesse an einem Produkt oder einer Dienstleistung unterstellt wird. Ein Teil der Praktiken zur Verbesserung der Conversion Rate wird unter dem Begriff *Online Behavioural Advertising* (Fokusgruppe Targeting im BVDW 2014) zusammengefasst. Damit gemeint sind verschiedene Technologien, die das Surfverhalten von InternetnutzerInnen verfolgen (*Tracking*) und auswerten, um Profile zu erstellen zu denen passende Werbung angezeigt wird. Aussagen über die Interessen und Charakteristika einer Person sowie Annahmen über das zukünftige Verhalten basieren dabei ausschließlich auf der Auswertung der aufgerufenen Webseiten und der Interaktion mit diesen.

1   Ghostery, ein AdBlocking und Online-Tracking Analyse Dienst, listete zuletzt 2104 entsprechende AnbieterInnen auf: https://www.ghostery.com/en/apps/. Letzter Zugriff am 12. Januar 2017.

Abb. 1: Googles Seite zur Einstellung für Werbeanzeigen, https://www.google.com/
settings/ads. Darstellung aus dem Juni 2015.

Online-Tracking und Profile

Mittels Online-Tracking können verschiedene Arten von Profilen
erstellt werden. „Profil" meint im Folgenden eine Menge von
Attributen, die idealerweise eine einzelne Person beschreibt.
Beim Online-Profiling (Hildebrandt 2006; Ferraris et al. 2013) ist
die Referenz allerdings seltener eine Person, das Gerät oder der
Browser, der zum Internetsurfen benutzt wird. Online-Tracking-
Profile können eine unterschiedliche Zahl an Attributen
umfassen, die wiederum verschiedene Abstraktionsniveaus
(von der Anzahl der Klicks auf einer Seite bis zum detaillierten
Psychogram) enthalten. Aus Sicht der DatensammlerInnen
bedeutet eine größere Datenbasis auch größere Genauigkeit
oder höhere Aussagekraft. Aus technischer Sicht entstehen einfache Profile bereits auf der Netzwerkebene. Transaktionsprofile
werden erstellt, wenn ein Browser eine Verbindung zu einem
Server mittels HTTP aufbaut. Bei jedem Seitenaufruf wird ein
Identifikationsprofil des/der Surfenden, das Informationen über
seine/ihre IP-Adresse und die Art und Konfiguration des Browsers
enthält, mit übertragen und kann dauerhaft gespeichert werden.
So können etwa geräteabhängige Seiten ausgeliefert oder, mit

Zusatzinformationen über die Herkunftsregion der IP-Adresse, Zugriffe gewährt oder verweigert werden (*Geoblocking*). Solche Profile sind in ihrer einfachen Ausführung darauf beschränkt, mehrere Seitenaufrufe einer IP-Adresse mit einem Server zu protokollieren, um daraus Informationen über das Leseverhalten etwa auf Nachrichtenseiten abzuleiten. Eine Zuordnung zu einer konkreten Person ist ohne Zusatzwissen (wem wann welche IP zugeordnet ist) nicht möglich. Es lassen sich nur Geräte und Browser unterscheiden. Benutzen mehrere, baugleiche Geräte dieselbe IP-Adresse, erscheinen sie als eins.

Weiter verbreitet sind Nutzungsprofile, die analog zu Rollen- oder Beziehungspseudonymen (Pfitzmann und Hansen 2010, 25ff.) beschrieben werden können. Diese klassischen Online-Tracking-Profile aggregieren einen großen Teil der Webseitenbesuche eines/r NutzerIn. Der Umfang hängt wesentlich davon ab, in welcher Beziehung NutzerInnen zu bestimmten Unternehmen stehen. Wer kontinuierlich im Facebook- oder Google-Account eingeloggt ist und das auf allen Geräten (Laptop, Tablet, Smartphone), über den/die können wesentlich umfangreichere Profile erstellt werden. Die Dienste sind damit in der Lage, jegliche Webseitenaufrufe, die ein Element des Dienstes enthalten, zu registrieren und in einem Profil zu verbinden. Technisch geschieht das Tracking hier nicht mehr nur auf Serverebene, sondern wird in Richtung der UserInnen verlagert, indem Eigenschaften des Browsers zur Re-Identifizierung genutzt werden.[2] Dabei nutzen die großen Netzwerke die Art, wie Webseiten aufgebaut werden, um die Reichweite ihres Trackings zu erhöhen. Beim Aufbau einer Webseite werden Seitenelemente häufig nicht nur von dem Webserver geladen, der in der Adresszeile angegeben ist, sondern auch von verschiedenen Drittservern. So werden Bilder und Skriptdateien von Servern geladen, die von Dritten

---

2   Technische Verfahren dazu sind Cookie Tracking, aber auch Browser- oder Canvas Fingerprinting und nicht zuletzt die direkte Zusammenarbeit der Tracking Unternehmen beim Cookie Syncing. Siehe dazu ausführlich Acar u.a. (2014).

betrieben werden, die dann wiederum, wie oben beschrieben, über den Besuch auf der Seite informiert werden. Durch Facebooks „Like"-Button und Googles Werbenetzwerk können auch Besuche auf Webseiten registriert werden, die NutzerInnen nicht über den Umweg der Suchmaschine oder des Newsfeeds erreicht haben.[3] Letztendlich arbeiten die Unternehmen daran, ein vollständiges Personenprofil zu erstellen. Aktuell sind dem allerdings technische Grenzen gesetzt, etwa weil unterschiedliche Geräte genutzt werden, NutzerInnen Tracking durch Ad-Blocker unterbinden oder einfach gespeicherte Cookies löschen. Mittels verschiedener Techniken des Cross-Device-Tracking über UserIDs[4] oder Audio Beacons[5] wird aber daran gearbeitet, diese Lücken zu schließen. Verizon (Mayer 2014)[6], ein amerikanischer Telekommunikationsprovider, nutzt zum Beispiel die Kontrolle über die Infrastruktur (auf IP-Ebene), um jedem/r NutzerIn eine eindeutige ID zuzuweisen. Die dabei erstellten Profile umfassen auch BesucherInnen solcher Webseiten, die selbst keine Tracking-skripte enthalten.

3   Browser Plugins wie Lightbeam, NoScript oder Ghostery haben sich zum Ziel gemacht diese, im Hintergrund stattfindenden, Verbindungen zwischen Webseiten und Diensten sichtbar zu machen. Eine detailliertere Beschreibung von Google Analytics findet sich bei Steidle und Pordesch (2008).

4   Bei Google wird diese Funktion „Universal Analytics" genannt: https://support.google.com/analytics/answer/2790010?hl=en&ref_topic=6010376. Letzter Zugriff am 10. Juni 2016.

5   Dabei werden vom einem Gerät (z.B. dem SmartTV) Audiosignale in einem für Menschen nicht wahrnehmbaren Frequenzbereich gesendet, die wiederum von einem anderen Gerät (wie dem Smartphone) aufgenommen wird, um so eine Verknüpfung zwischen den Geräteprofilen herzustellen. Siehe dazu http://www.steamfeed.com/silverpush-launches-cross-device-ad-targeting-with-unique-audio-beacon-technology/. Letzter Zugriff am 12. Januar 2017.

6   Siehe dazu Mayer (2014); zuletzt war NutzerInnen die Möglichkeit des Opt-Out angeboten worden, um das Tracking zu beenden.

Nutzung von Profilen, Anreicherung für bestimmte Zwecke

Die so entstehenden Profile basieren auf Primärdaten, also solchen, die eine Webseite oder ein/e NetzwerkbetreiberIn direkt über den/die NutzerIn oder das jeweils benutzte Gerät in Erfahrung bringen kann. Einen tatsächlichen Nutzen haben diese Profile erst einmal nur in einem eng begrenzten, eher technischen Rahmen. Sie werden zur Messung der Beliebtheit von bestimmten Artikeln auf Webseiten oder beim *A/B Testing* genutzt, um verschiedene Varianten eines Online-Dienstes zu vergleichen. Für das Marketing nutzbar werden sie erst, wenn zusätzlich kategorisiert und so Segmentierung möglich wird. Um Werbung zu schalten, müssen Zielgruppen definierbar sein, die eine Kategorisierung und Sortierung nach marketingspezifischen Kriterien möglich machen.[7] Bei Google und vielen weiteren AnbieterInnen sind hier zwei unterschiedliche Arten von Kategorisierungen üblich. Erstens wird eine eher beschreibende Liste von soziodemografischen Kriterien, wie Altersgruppe, (binäre) Genderkategorien und verwendete Sprachen, erstellt und zweitens eine eher inhaltliche Ebene, die der vermuteten Interessen, abgeleitet. Daten der ersten Kategorie werden meist über bekannte Korrelationen aus anderen Datenquellen ermittelt. Google kann hier mit den freiwilligen Eingaben arbeiten, die NutzerInnen mit Google Konto (etwa über GMail oder Google+) gemacht haben. In dem Vertrauen darauf, dass diese Eingaben, zumindest im statistischen Mittel, korrekt sind, lassen sie sich auf nicht registrierte NutzerInnen übertragen. Andere Unternehmen der Werbebranche können solche Informationen zukaufen. Unternehmen wie Quantcast, Alexa oder Compete, die im Bereich *Audience Analytics* tätig sind, verkaufen Datensätze (oder den Zugriff auf Datensätze), die

---

7   Eine Praxis, die im Internet stark optimiert und automatisiert ist, aber bereits im frühen 20. Jahrhundert einsetzt (Gandy 1993).

Durchschnittswerte für die oben genannten Kategorien für
die NutzerInnen von Webseiten enthalten. Die Mittelwerte für
unterschiedliche Webseiten und Typen von NutzerInnen dieser
Seiten werden dann für ein konkretes Profil aggregiert und
Wahrscheinlichkeiten ermittelt. Ein einfaches Beispiel auf Basis
der Daten von Alexa.com: Wer vermehrt Sport1.de und heise.de
besucht, über den/die wird angenommen, dass sie/er männlich
ist, einen akademischen Abschluss hat und auf der Arbeit surft.

Die zweite Kategorie von Informationen ist eine Liste von vermuteten Interessen. Bei Google basiert das Interessenprofil auf
einer hierarchisierten Liste von 867 Interessen, die auf 24 Basisinteressen zurückgehen.[8] Ein Element dieser Hierarchie ist:

/Mensch und Gesellschaft > Familie und Beziehungen > Familie
> Eltern > Babys und Kleinkinder > Spielzeug für Babys und
Kleinkinder

Arts & Entertainment (147)	Travel (27)
News (21)	Autos & Vehicles (95)
Games (42)	Food & Drink (73)
Law & Government (36)	Beauty & Fitness (21)
Finance (50)	Jobs & Education (36)
Computers & Electronics (128)	Reference (30)
Internet & Telecom (34)	Online Communities (18)
Sports (69)	Pets & Animals (15)
Business & Industrial (121)	Books & Literature (9)
People & Society (40)	Home & Garden (48)
Science (25)	Hobbies & Leisure (30)
Shopping (71)	Real Estate (9)

Tabelle 1: Verteilung der Basisinteressen (mit Anzahl der Unterkategorie)

Wie genau Google diese abgeschlossene Liste von möglichen
Interessen herausgebildet hat, ist nicht bekannt. Sie dient aber

8   Weitere 1000 Interessen sind ortspezifisch. Die vollständige Liste unter
     Google (o.J.).

als gemeinsame Beschreibungssprache für BenutzerInnen, die diese auf der Einstellungsseite (siehe Abb. 1) ändern können, wie auch für Werbetreibende, die anhand der Liste Zielgruppen definieren können. Der Aufbau dieser Taxonomie ist also eng mit dem Ziel verknüpft Werbung zuzuordnen. Dies zeigt sich auch darin, dass die gelistete Zahl der Subkategorien pro Oberkategorie (Tabelle 1) nicht jegliche Wissensbereiche abdeckt, sondern sich die Sortierung danach ausrichtet, wofür Produkte angeboten und wofür folglich Werbung geschaltet werden könnte.

Die Zuweisung von Interessen zu NutzerInnen auf Basis einer besuchten Website geschieht mit Hilfe derselben Inhaltsanalysen, die auch dazu genutzt werden, die Seiten in Suchmaschinen auffindbar zu machen. Darüber hinaus haben NutzerInnen aber auch die Möglichkeit, die Liste selbst einzusehen und zu verändern. Zuletzt konnte allerdings nachgewiesen werden, dass manuelle Änderungen an der Liste nicht zwangsläufig zu einer Veränderung in der Werbeschaltung führen (Datta, Tschantz und Datta 2015).

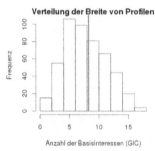

Abb. 2: „Breite" meint die Anzahl der Basisinteressen, die nach 100 Seitenaufrufen in einem Profil enthalten sind. Die vertikale Linie markiert den Durchschnitt

Der Umfang der Interessenprofile

Im Rahmen einer Studie, die der Autor durchgeführt hat, wurde analysiert, wie die Interessenprofile entstehen und welchen

Umfang sie erreichen. Ein automatisierter Browser hat dazu 500 UserInnen simuliert, dabei jeweils 100 Webseiten aufgerufen[9] und im Anschluss die auf der Einstellungsseite von Google angegebenen Interessen ausgewertet (Abb. 1). Im Durchschnitt wurden durch Google jeder/m NutzerIn 16.34 (Standardabweichung s=7.5) Interessen zugewiesen. Die Zahl lag dabei zwischen 1 und 37 der möglichen 867 Interessen. Bezogen auf die Basisinteressen zeigt sich, dass jedem/r NutzerIn im Schnitt 8,25 (s=3,53) dieser Oberkategorien zugewiesen werden (Abb. 2). Nachweisen lässt sich anhand der Untersuchung auch, dass Googles Server im Durchschnitt über knapp 60 % der Seitenaufrufe der simulierten UserInnen unterrichtet werden (Tabelle 2), auf deren Basis Nutzungsprofile erstellt werden können. Die Verbindungen zu Google werden vor allem durch die direkte Einbindung von Werbung (über Doubleclick) oder durch die Nutzung von Google-Analytics hergestellt. Zählt man auch andere Dienste wie das *Content Delivery Netzwerk*, Google APIs und Google Fonts hinzu, steigt der Wert auf über 80 %.

In populärwissenschaftlichen Diskursen werden die Fähigkeiten von Google Profile zu erstellen häufig als nahezu unbegrenzt und bedrohlich dargestellt (Sennett 2010). Dabei wird impliziert, dass deren Genauigkeit über die Zeit und die Datenmenge wächst. Unter der Annahme, dass die Profile, die den NutzerInnen auf der Informationsseite angezeigt werden, auch die sind, die Google intern nutzt, muss dieser Annahme widersprochen werden. In den beobachteten Fällen sind die Profile oft ungenau. Das Interesse an einem Thema wird dem Profil zum Beispiel bereits dann zugewiesen, wenn nur eine einzelne Seite dazu besucht wird, während der Besuch anderer Seiten, die sich anderen Interessen zuordnen lassen, keinen Einfluss auf das Profil haben. Es wird auch keine Unterscheidung getroffen zwischen übergeordneten Interessen, die allgemein an eine

---

9   Als Basis dienten UserInnen der Plattform Reddit.com, die dort Webseiten und Artikel empfehlen.

Plattform gekoppelt sind, und solchen, die konkret mit einem Artikel zusammenhängen. So führt der Besuch von einem Artikel über ranziges Fett in Pommesbuden in einem Nachrichtenportal manchmal zur Zuweisung des Interesses an „Nachrichten" und in anderen Fällen zum Interesse an „Essen und Trinken > Nahrungsmittel > Speisefette und -öle". Auf der anderen Seite ließ sich aber auch beobachten, dass sowohl Basisinteressen als auch spezifische Interessen teilweise aus dem Profil „verschwinden". Gleichzeitig kann keine zeitliche Regelmäßigkeit festgestellt werden, auf deren Basis Interessen aus dem Profil gelöscht werden.

% des Linkprofils	Domains/Dienstleister
> 80%	Google (alle Dienste)
50-60%	Google (google-analytics.com; doubleclick.com/net)
40-50%	scorecardresearch.com (Marktforschung), facebook.com, twitter.com
30-40%	quantserver.com (Marktforschung; Quelle für Quantcast.com)
10-20%	adnxs.com, taboola.com, outbrain.com, bluekai.com, disqus.com, rubiconproject.com, addthis.com (Werbenetzwerke)
5-10%	chartbeat.com, optimizely.com, amazon-adsystems.com, krxd.net

Tabelle 2: Übersicht über Tracker und den Umfang der durch sie beobachtbaren Seitenaufrufe

Ungenauigkeit im Sinne des Marketings

Die Ungenauigkeit im Profiling macht aus der Perspektive der WerbevermarkterInnen allerdings durchaus Sinn. Es geht eben nicht darum, eine umfängliche und korrekte Persönlichkeitsbeschreibung vorzunehmen, sondern darum möglichst viele aktuelle Interessen zu kennen, für welche dann Werbung angezeigt werden kann. Da die Werbeschaltenden selbst auswählen müssen, welchen Zielgruppen ihre Werbung angezeigt werden soll, ist es Googles vorderstes Ziel für möglichst viele Gruppen (und Kombinationen) eine möglichst große Menge an Zielprofilen vorzuhalten. Eben in der Hoffnung, dass das Interesse an der Pommesbude auch bedeuten könnte, dass sich eine Person über die Probleme eines Konkurrenten/einer Konkurrentin informiert hat und sich deswegen von Angeboten für Mengenrabatte bei der Palminbestellung angesprochen fühlen könnte. Profile, wie Google sie erstellt, sind vom Zweck her auf die Zukunft gerichtet, da darauf basierende Werbung Bedürfnissen entsprechen soll, die noch nicht erfüllt sind oder noch gar nicht existieren.

Insofern sind die Profile, die Google erstellt, nicht klassische Personenprofile im Sinne von digitalisierten und vermessenden Abbildungen, sondern Teilabbildungen oder *Data Doubles* (Haggerty und Ericson 2000), die zum Zweck der Werbung auch in die Zukunft projizieren. Die Ungenauigkeit, die vielleicht mal technisch begründet war, weil keine genaue Interessenextraktion auf Basis eines Webseitenbesuchs möglich ist, streut nun auch notwendige Kontingenz ein, da Bedürfnisse auch für Produkte und Dienstleistungen geweckt werden sollen. Abschließend lässt sich sagen, dass die vorgestellte Form vom Profiling durch Google sich nicht dazu eignet, die Ächtung des Konzerns als „Big Brother" zu unterstützen. Dazu sind die Profile zu spezifisch auf den einen Zweck ausgerichtet und vor allem zu ungenau. Viel eher sind auch im Online-Profiling viele Elemente vereint, die Lyon mit Bauman als *liquid surveillance* (2010) identifiziert hat. Die Daten aus dem Browserverlauf ergeben keine vollständige Beschreibung, sondern dienen als *data particles* (Lyon 2010, 331) dazu, für den spezifischen Zweck neu sortiert und angereichert zu werden. Dabei versuchen die DienstleisterInnen ihre Beobachtungen zu globalisieren; in Konkurrenz zueinander, aber auch durch Kooperationen (Acar 2014) in Netzwerken. Die Allgegenwärtigkeit des Profilings zeigt sich nicht zuletzt darin, dass sich auch die Nicht-Teilnahme, z.B. durch Ad-Blocker, registrieren und diese NutzerInnen als Zielgruppe adressieren lassen.

Literatur

Acar, Gunes, C. Eubank, S. Englehardt, M. Juarez, A. Narayanan und C. Diaz. 2014. „The Web Never Forgets: Persistent Tracking Mechanisms in the Wild". In *Proceedings of the 21st ACM Conference on Computer and Communications Security*.

Datta, Amit, Michael Carl Tschantz und Anupam Datta. 2015. „Automated Experiments on Ad Privacy Settings: A Tale of Opacity, Choice, and Discrimination". In *Proceedings on Privacy Enhancing Technologies* 1: 92–112. doi:10.1515/popets-2015-0007. Letzter Zugriff am 12. Dezember 2016.

Ferraris, Valeria, Francesca Bosco, G. Cafiero, Elena D'Angelo und Y. Suloyeva. 2013. „Defining Profiling". In *SSRN Scholarly Paper ID 2366564. Rochester, NY: Social Science Research Network*. http://papers.ssrn.com/abstract=2366564. Letzter Zugriff am 12. Dezember 2016.

Fokusgruppe Targeting im BVDW. 2014. „Targeting Begriffe und Definitionen". In *BVDW e.V.* http://www.bvdw.org/mybvdw/media/download/leitfaden-targeting-defintionen-2014.pdf?file=3381. Letzter Zugriff am 18. Dezember 2016.

Gandy, Oscar H. 1993. *The Panoptic Sort: A Political Economy of Personal Information*. Boulder, CO: Westview Press.

Ghostery Inc. o.J. „Company Directory". https://www.ghostery.com/en/apps/. Letzter Zugriff am 05. Juni 2015.

Google. o.J. „Topics Used for Personalized Ads". https://support.google.com/ads/answer/2842480. Letzter Zugriff am 18. Dezember 2016.

Haggerty, Kevin D., und Richard V. Ericson. 2000. „The Surveillant Assemblage." *The British Journal of Sociology* 51 (4): 605–622. doi:10.1080/00071310020015280.

Hildebrandt, Mireille. 2006. „Profiling: From Data to Knowledge". In *Datenschutz und Datensicherheit - DuD* 30 (9): 548–52. doi:10.1007/s11623-006-0140-3. Letzter Zugriff am 12. Dezember 2016.

Lyon, David. 2010. „Liquid Surveillance: The Contribution of Zygmunt Bauman to Surveillance Studies". In *International Political Sociology* 4 (4): 325–338. doi:10.1111/j.1749-5687.2010.00109.x. Letzter Zugriff am 12. Dezember 2016.

Mayer, Jonathan. 2014. „How Verizon's Advertising Header Works". In *Web Policy Blog*. http://webpolicy.org/2014/10/24/how-verizons-advertising-header-works/. Letzter Zugriff am 12. Dezember 2016.

McStay, Andrew. 2011. *The Mood of Information: A Critique of Online Behavioural Advertising*. London: The Continuum International Publishing Group.

Pfitzmann, Andreas und Marit Hansen. 2010. *A Terminology for Talking about Privacy by Data Minimization: Anonymity, Unlinkability, Undetectability, Unobservability, Pseudonymity, and Identity Management*. http://dud.inf.tu-dresden.de/Anon_Terminology.shtml. Letzter Zugriff am 12. Dezember 2016.

Sennet, Richard. 2010. Interview mit Spiegel Online am 15. Januar 2010. http://www.spiegel.de/netzwelt/web/interview-mit-us-soziologe-sennett-die-stasi-war-eine-organisation-wie-google-a-671506-druck.html. Letzter Zugriff am 12. Dezember 2016.

SteamFeed. 2014. „Silverpush Launches Cross-Device Ad Targeting with Unique Audio Beacon Technology". http://www.steamfeed.com/

silverpush-launches-cross-device-ad-targeting-with-unique-audio-beacon-technology/. Letzter Zugriff am 10. Juni 2016.

Steidle, Roland und Ulrich Pordesch. 2008. „Im Netz von Google: Web-Tracking und Datenschutz". In *Datenschutz und Datensicherheit - DuD* 32 (5): 324–29. doi:10.1007/s11623-008-0078-8. Letzter Zugriff am 12. Dezember 2016.

Turow, Joseph. 2012. *The Daily You: How the New Advertising Industry Is Defining Your Identity and Your Worth*. New Haven: Yale University Press.

Abbildungen

Abbildung 1: Googles Seite zur Einstellung für Werbeanzeigen, Quelle: Screenshot von https://www.google.com/settings/ads. Letzter Zugriff am 13. April 2015.

Abbildung 2: „Breite" meint die Anzahl der Basisinteressen, die nach 100 Seitenaufrufen in einem Profil enthalten sind. Die rote Linie markiert den Durchschnitt. Eigene Darstellung.

CRITICAL DATA SCIENCE

DATA MINING

PREDICTIVE ANALYTICS

BIG DATA

DISKRIMINIERUNG

PRÄVENTION

[7]

Big Data, Hype und Kritik: Über argumentative Strategien und Strohmänner

Bettina Berendt

„Big Data" sind überall – und mit ihnen Heilsversprechen und Katastrophenszenarien zu den Auswirkungen von immer mehr Datensammlung, immer mehr analytischen Auswertungen und immer mehr Anwendungen. Neben kommerziellen Zwecken wird zunehmend auch die Verhinderung von Straftaten zum Ziel von Anwendungen, die auf Vorhersagen über menschliches Verhalten basieren. Aber was genau können und dürfen solche Vorhersagen eigentlich? Der vorliegende Beitrag argumentiert, dass naheliegende Argumente oft zu kurz greifen und imaginäre Gefahren von Big Data beschwören, dabei aber wirkliche Risiken außer Acht lassen. Am Beispiel einer detaillierten Kritik einer populärwissenschaftlichen Textpassage zum *Predictive Policing* und *Profiling* wird versucht, zu einem besseren Verständnis von Stärken und Schwächen datenbasierter Entscheidungsfindung beizutragen.

Big Data verspricht also ein besseres, weniger
diskrimierendes und stärker individualisiertes
Profiling. Das klingt akzeptabel, wenn es nur
darum geht, unerwünschtes Verhalten zu ver-
hindern, wird aber sehr gefährlich, sobald wir
Big-Data-Vorhersagen dazu verwenden, um
über Schuld und Strafe zu entscheiden für eine
Tat, die noch gar nicht begangen wurde.

Mit diesen Worten beschreiben Mayer-Schönberger und Cukier
(2013b, 200) in ihrem populärwissenschaftlichen Bestseller
über Big Data ein zentrales „Risiko" dieser ihrer Darstellung
nach ansonsten so vielversprechenden neuen Technologien
der Datenauswertung. Die Ausführungen schließen an den Film
Minority Report an, in dem die Hauptfigur in letzter Sekunde
zur Verhinderung eines Mordes festgenommen wird, von dem
sie nichts weiß, der aber von den Orakeln als sicher von ihr zu
begehend vorhergesagt wurde (Spielberg 2002). Die Autoren
betrachten diese Dystopie als möglichen Endpunkt einer der-
zeit vieldiskutierten und zunehmend eingesetzten Praxis in der
Polizeiarbeit, dem *Predictive Policing*, in dem computerisierte
Auswertungen von Daten zur Vorhersage und Verhinderung
möglicher Straftaten eingesetzt werden.

Auf den ersten Blick kann man dieser Textpassage zustimmen,
drückt sie doch eine Abwägung von Vor- und Nachteilen von
Big Data aus und bezieht Position gegen eine Dystopie. Auf den
zweiten Blick jedoch ist die Passage problematisch, weil sie zentrale Elemente des Big-Data-Hypes eben nicht hinterfragt und
durch die Beschränkung der Kritik auf rechtsstaatliche Selbstver-
ständlichkeiten konsensfähig und damit zahnlos bleibt. Darüber
hinaus drohen auf dem Weg von den „Versprechen" hin zu den
„Risiken" wichtige rechtsstaatliche Prinzipien, insbesondere

Gesetzesvorbehalt und Verhältnismäßigkeit, auf der Strecke zu
bleiben.

Diese Vermengung von Ebenen schadet dem allgemeinen Verständnis von „Big Data" und seiner Problematik, und insofern erscheint die Passage als repräsentativ auch für andere aktuelle Anwendungsbereiche von Big Data[1]. Der vorliegende Artikel versteht sich daher als Einladung zu einem kritischen und interdisziplinären *close reading* von Passagen wie der oben zitierten – denn nur auf Grundlage eines fundierten Verständnisses von Big Data kann eine produktive öffentliche Debatte über seine Einsatzgebiete entstehen. Zu diesem Zweck werden eine nichttechnische Einführung in das maschinelle Lernen von Vorhersagen gegeben sowie einige relevante rechtliche Grundpfeiler zur Verwendung von Daten beschrieben.[2] Im Fließtext werden die Bestandteile der eingangs zitierten Passage zum Zwecke des besseren Verständnisses wiederholt und analysiert.

Begriffe: Predictive Policing und Profiling

> Das Versprechen von Big Data ist, dass wir das tun, was wir immer schon getan haben – Profiling[3]

Predictive Policing beinhaltet die Verwendung von Data Mining durch die Polizei zur Vorhersage höherer Wahrscheinlichkeiten von Verbrechen sowie der Verwendung dieser Vorhersagen zur Entscheidungsunterstützung[4] – z.B. zur Einsatzplanung von

---

1   In Berendt 2015 problematisiere ich dies im Kontext einer Buchrezension.
2   Aus Platzgründen kann über keines der hier angesprochenen Themen ein tiefergehender Überblick gegeben werden. Zum Predictive Policing empfehle ich den Überblick von Ferguson (2016) und den Blog von Pilpul (2016), zum maschinellen Lernen / Data Mining z.B. Witten, Frank und Hall (2011) und zu Big Data die umfassende und kritische Darstellung von Kitchin (2014).
3   So beginnt die eingangs zitierte Passage in der englischen Originalversion: „The promise of big data is that we do what we've been doing all along – profiling" (Mayer-Schönberger und Cukier 2013a, 160).
4   „any policing strategy or tactic that develops and uses information and advanced analysis to inform forward-thinking crime prevention" (Uchida 2009, 1).

Streifen, in zunehmendem Maße aber auch für Zwecke wie Entscheidungen über Freigang.

Korrelatives/prädiktives Denken war schon immer Teil der polizeilichen Arbeit. Von statistischen Verfahren wird dabei erwartet, dass sie ‚objektiver' seien als die Erfahrung und Intuition von Polizisten (als ein Beispiel von vielen siehe die Wortwahl in *The Economist* [2014]).

Ein besonders kontroverser Anwendungsbereich ist das *Profiling*. Das Profiling (von potenziellen Straftätern) im Allgemeinen bezeichnet die polizeiliche Praxis, Individuen als einer Straftat verdächtig auszuwählen auf Basis einer Gruppe von Eigenschaften, von denen angenommen wird, dass sie mit Straftaten assoziiert sind (ACLU 2005). Bei Einsatz von Big-Data-Methoden bedeutet dieses, für Individuen die Vorhersage zu machen, dass sie einer Straftat verdächtig seien, auf Basis eines zuvor aus einer Datenmenge von Eigenschaften gelernten Klassifikators/Prädiktators, und aufgrund dieser Vorhersage eine Aktivität (z.B. Aufnahme der Personalien, Durchsuchung, Festnahme) durchzuführen. Das Profiling ist schon lange im Kreuzfeuer der Kritik, insbesondere wenn es sich um *Racial Profiling* zu handeln scheint, bei dem die Gruppe der Eigenschaften mit Ethnizität, Religion oder Nationalität verknüpft ist.

Anwendungsbereiche des Profiling reichen von der Vorhersage von Eigentumsdelikten über Gewaltdelikte bis hin zum Terrorismus. Diese Systeme machen Vorhersagen für Situationen, aber auch für identifizierte Individuen. Wie weit kann man mit diesen Vorhersagen gehen?

Von argumentativen Strohmännern und Panikmache

[Es] wird aber sehr gefährlich, sobald wir Big-Data-Vorhersagen dazu verwenden, um über Schuld und Strafe

zu entscheiden für eine Tat, die noch gar nicht begangen
wurde.[5]

In der Tat würde es gefährlich werden, wenn wir dieses täten. Aber ist das durch den zitierten Satz benannte Risiko überhaupt realistisch? Die Autoren führen in der im Buch nachfolgenden Diskussion aus, dass dieses gegen eine Reihe von Grundüberzeugungen verstoßen würde und beziehen sich dabei auf Konzepte wie den freien Willen und den „Kern von Gerechtigkeit"; sie deklarieren das Ansinnen als „abstoßende Idee". Aber worauf beziehen sie sich damit? Auf einen gesunden Menschenverstand, auf implizite kulturelle Übereinkünfte, die dann doch veränderlich sind, was die Dystopie möglich erscheinen lässt? Es erscheint mir sinnvoller, zu fragen, ob wir diesbezüglich auf stärkere Garantien zählen können. Spezifisch möchte ich mich auf die in der Bundesrepublik Deutschland durch die „Ewigkeitsklausel" des Art. 79 Abs. 3 Grundgesetz als nicht veränderbar deklarierte Rechtsstaatlichkeit beziehen und hierbei auf den Teilgrundsatz der materiellen Gerechtigkeit, der damit auch einen gerechten Umgang mit Schuld und Strafe fordert. Diese Grundpfeiler finden sich auch in anderen Rechtsstaaten wieder. Die Frage wird damit: Steht die im Zitat postulierte Verwendung von Big Data für die Organe eines Rechtsstaats überhaupt zur Debatte?

Die Antwort ist „nein", aus zwei Gründen.

(1) Schuld? Erstens kann die Auswertung von Daten nicht zur Begründung des Schuldvorwurfs bei einer Straftat dienen. Schuld ist eine subjektive Komponente der Straftat, die Vorwerfbarkeit eines gesteuerten Handelns. Bewertet werden die fehlerhafte Willensbildung des Täters und ihre Ursachen. Es ist nicht möglich, die Willensbildung eines Menschen als Ergebnis einer

---

5   Wie am Ende der Einleitung erläutert, sind dieses und die weiteren Zitate am Beginn von Abschnitten Teile der eingangs zitierten Passage aus (Mayer-Schönberger und Cukier 2013b, 200). Um den Lesefluss nicht zu stören, wurde auf Wiederholungen der bibliographischen Angabe verzichtet.

Datenauswertung darzustellen. Daten können nur die Grundlage einer menschlichen Bewertung der Willensbildung sein.

(2) Strafbar? Zweitens kann Verhalten, das noch nicht geschehen ist, nicht strafbar sein. Eine Straftat liegt vor, wenn eine strafbare Handlung begangen wurde und ggf. ein strafbarer Erfolg eingetreten ist. Die Straftat muss zwar nicht vollendet worden sein; auch der Versuch ist strafbar. Strafbar kann ein (Versuchs-) Verhalten aber erst sein, wenn der Täter die Schwelle zum „Jetzt geht es los" überschritten hat.[6] Die Auswertung von Daten zur Erkennung von Gefährdungslagen, in denen Personen statistisch eher dazu neigen, Straftaten zu begehen, kann daher per definitionem nicht dazu verwendet werden, Verhalten zu bestrafen, das noch nicht geschehen ist. Hingegen kann Software dazu verwendet werden, Gefährdungslagen zu analysieren, Vorhersagen über mögliche Straftaten abzuleiten, und durch präventive Maßnahmen die Begehung von Straftaten zu verhindern suchen. Solche Verwendungen von Big-Data-Analysen unterliegen Beschränkungen, auf die im Abschnitt „Daten, Grundrechtseingriffe und Rechtsstaatlichkeit" näher eingegangen wird.

Das *Minority-Report*-Szenario ist damit, in einem Rechtsstaat, ein Strohmann-Argument. Dies ist darum bedauerlich – und es wird gefährlich – als dass seine rhetorische Verwendung dazu geeignet ist, Angst zu schüren, aber gleichzeitig die Aufmerksamkeit von den wirklichen Risiken ablenkt. Ein erstes wirkliches Risiko ist ein Fehlverständnis dessen, was Algorithmen und Daten leisten können und aussagen; ein zweites eine Dekontextualisierung dessen, was die Handlungen des Sammelns von Daten und des

---

6   Die Frage, wann es ‚losgeht', muss natürlich in Bezug auf die Straftat beantwortet werden. Hierbei ist zu beachten, dass auch die *Vorbereitung* einer Straftat strafbar sein kann – wenn die Vorbereitungshandlung selbst eine Straftat i.S.d. StGB darstellt. Eine der Vorbereitung vorgelagerte *Planung* kann nur in sehr seltenen Fällen strafbar sein, und nur, wenn sie sich als selbst strafbare Handlung äußert (z.B.§129a StGB, Bildung terroristischer Vereinigungen). Und der Nachweis, dass eine solche strafbare (z.B. Vorbereitungs-)Handlung vorliegt, ist mit oder ohne Software schwierig.

Nutzens von Vorhersagen bedeuten und inwieweit sie daher in
einem Rechtsstaat zulässig sind. Ersteres wird nach einer kurzen
Darstellung der informatischen Grundlagen von Klassifikatoren/
Prädiktoren und ihrer Evaluation (folgender Abschnitt) im
Abschnitt „'Versprechen' ist gut – Nachfragen ist besser" problematisiert. Letzteres ist Thema von „Daten, Grundrechtseingriffe
und Rechtsstaatlichkeit".

Intermezzo: Maschinelles Lernen von Prädiktoren aus Daten

An dieser Stelle müssen einige Grundlagen von Klassifikatoren
und ihrer Evaluation eingeführt werden. Ein Klassifikator kann als
Entscheidungsregel betrachtet werden: Wenn *dies* (beobachtet
wird), dann (denke oder tue) *das*. Eine solche Entscheidungsregel kann auf beliebigen Gründen basieren: Intuition, Vorurteil,
frühere Erfahrungen eines Menschen oder eben auch Statistik.
Im letzteren Fall nennen wir diesen Klassifikator „maschinell
gelernt" oder „data-mined" und begründen die Verwendung
als Entscheidungsregel damit, dass auf Basis der Klassifikation
von Daten aus der Vergangenheit Vorhersagen für die Zukunft
getroffen werden können – der Klassifikator agiert dann auch als
Prädiktor. Es wird also angenommen, dass die Daten (bzw. die sie
verursachenden Phänomene oder Menschen) der Vergangenheit
und der Zukunft sich gleich verhalten. Unabhängig davon, wie
ein Klassifikator konstruiert wurde, kann er über seine Vorher-
sagequalität auf neuen Daten evaluiert werden.

Wie wird ein Klassifikator/Prädiktor maschinell gelernt? Dies soll
an einem einfachen (und doch viel benutzten) Beispiel gezeigt
werden: Es gibt zwei Klassen von Entitäten, und jede Entität
gehört zu genau einer dieser beiden Klassen. Betrachten wir
zunächst eine fiktive Menge an Personen, deren Klasse sowie
verschiedene beschreibende Eigenschaften bekannt sind. Diese
Menge wird in Tabelle 1 gezeigt.

ID	Hautfarbe	Pullover-farbe	Schuhe	Hände	Urlaub in …	Krimineller?
1	Grün	Rot	Stiefel	Schwitzig	Frankreich	Ja
2	Grün	Rot	Flip-flops	Schwitzig	Italien	Ja
3	Grün	Weiß	Sandalen	Trocken	Spanien	Ja
4	Grün	Gelb	Sandalen	Normal	Spanien	Ja
5	Grün	Weiß	High heels	Trocken	Frankreich	Nein
6	Grün	Weiß	Flip-flops	Trocken	Frankreich	Nein
7	Blau	Weiß	Stiefel	Trocken	Frankreich	Nein

Tabelle 1: Eine fiktive Datenmenge zum Klassifikatorlernen

Aus diesen Daten könnte ein einfaches Klassifikationsmodell gelernt werden, nämlich dass jeder, der einen roten Pullover trägt und Schweißhände hat, ein Krimineller ist, ebenso wie jeder, der Sandalen trägt und in Spanien Urlaub macht. Dieses Modell wäre auf den Trainingsdaten (die Daten in Tabelle 1) 100 % genau, denn immer, wenn eine der beiden Prämissen wahr ist, dann ist auch die Schlussfolgerung korrekt. Es könnte auch ein vereinfachtes Modell gelernt werden, etwa, dass alle grünhäutigen Menschen Kriminelle seien und alle anderen nicht – auch dieses, dem klassischen Vorurteil ähnlichere Modell, wäre auf den Trainings-daten noch in 5 von 7 Fällen, also zu 71 % genau.

Aber auch ein Lernalgorithmus mit einem anderen induktiven Bias als dem Vorzug für ein möglichst einfaches Modell würde, wenn er nur aus positiven Instanzen (also aus den Kriminellen 1–4) lernen würde, schließen, dass „Grün" allein zur Vorhersage ausreicht. Es ist daher unabdingbar, dass die Trainingsdaten positive und negative Beispiele enthalten. Im vorliegenden Fall zeigen 5 und 6, dass „Grün" allein nicht trennscharf genug ist. Die Verteilung positiver und negativer Instanzen sollte möglichst balanciert sein, denn wenn man auf einem Dataset mit 1 % einer Klasse und 99 % der anderen lernt, so wird das Resultat zu spezi-fisch auf diese kleine Gruppe zugeschnitten sein. Auch müssen die positiven und negativen Instanzen in anderen Hinsichten vergleichbar sein, denn sonst könnte man etwa aus einer

Zusammenstellung männlicher Krimineller und weiblicher unbe-
scholtener Bürger lernen, dass alle Männer Kriminelle seien.

Diese Zahlen sagen uns aber noch nichts darüber, wie gut das
Modell wäre, wenn es zur Vorhersage auf neuen Daten genutzt
würde. Letzteres ist der Maßstab der Evaluation, und die Genauigkeit (sowie andere Maße) auf Testdaten, die nicht mit den
Trainingsdaten überlappen, muss angegeben werden, um einen
verlässlichen Eindruck von der Qualität eines Klassifikators zu
erhalten.

Betrachten wir nun ein mögliches Beispiel der Performanz auf
Testdaten. Tabelle 2 zeigt die Grundstruktur der Evaluierung
durch die Anzahlen der Entitäten aus der Testmenge.

Individuen sind ...	... klassifiziert als Kriminelle	... klassifiziert als unschuldig	Zeilensumme
... in der Tat Kriminelle	Echte Positive: 4	Falsche Negative: 6 (irrtümlich für unschuldig gehalten)	Wahre Gesamtzahl von Kriminellen: 10
... in Wirklich-keit unschuldig	Falsche Positive: 100 (irrtümlich für kriminell gehalten)	Echte Negative: 900	Wahre Gesamtzahl von Unschuldigen: 1000
Spaltensumme	Positive: 104	Negative: 906	Gesamt: 1010

Tabelle 2: Eine fiktive Vertauschungsmatrix zur Evaluierung eines Klassifikators

In diesem fiktiven Beispiel wird ein Klassifikator, der aus Tabelle 1
gelernt wurde (oder anders erstellt wurde), auf eine neue Datenmenge von 1010 Menschen angewandt. Er klassifiziert 104 von
ihnen als Kriminelle und 906 als unschuldig. Diese Vorhersage
ist in 904 (4 + 900) Fällen korrekt, daher ist die *Genauigkeit* des
Modells 904/1010 = 89,5 %. Allerdings ist die *Präzision* des Modells
für die Klasse „Kriminelle" nur 3,8 %: von den 104 als Kriminelle
klassifizierten Individuen sind nur 4 in der Tat kriminell. Der *Recall*
für diese Klasse ist 40 % (4 von 10 der tatsächlich Kriminellen
werden gefunden). Im Vergleich hierzu hat der Basisprädiktor
„immer nein" eine Genauigkeit von 99 % (1000/1010) und für die

Klasse der Kriminellen einen Recall von 0. Es muss daher stets überprüft werden, ob „Genauigkeit" alltagssprachlich gemeint ist (und sich dann auf jedes dieser Maße beziehen könnte) oder spezifisch in der Fachterminologie (und dann Fragen von Präzision und Recall ausblendet).

Aufgrund all dieser Faktoren erfordert das maschinelle Lernen, um gute Klassifikatoren lernen zu können, eine Sammlung *vieler* Daten inklusive negativer Beispiele und normalisiert dadurch eine *umfassende, verdachtsunabhängige* Überwachung (siehe auch Coudert 2015). *Viel* aufgrund der Basisannahmen der Statistik, dass Fehler sich nur in großen Stichproben ausgleichen, *umfassend*, um durch möglichst viele Attribute möglichst viel Information abbilden zu können, und *verdachtsunabhängig / mit negativen Beispielen*, weil ein Klassifikator nicht nur aus positiven Beispielen gelernt werden kann.

Darüber hinaus darf nicht vergessen werden, dass jedwede Daten mitnichten ‚gegeben' sind, sondern immer aufgrund bestimmter Entscheidungen gesammelt und definiert werden. Es muss stets gefragt werden, wie und durch wen die ‚Grundwahrheit' (etwa, dass jemand kriminell ist) definiert und gemessen wird. Besonders problematisch (genauer gesagt, zirkulär) wird es, wenn die Grundwahrheit ex post definiert wird, mit Hilfe der Vorhersage des Klassifikators, denn dadurch werden die berichteten Erfolge (wie z.B. eine hohe Präzision) überschätzt und letztlich bedeutungslos. Dies scheint in der Berichterstattung über Drohnenangriffe zu geschehen. Drohnenangriffe sind als Big-Data-Anwendung beschrieben worden („We kill based on metadata"[7]) und können als eine Extremform von Predictive Policing im Sinne von Mayer-Schönberger und Cukier betrachtet werden: Das Ziel ist die Verhinderung von Verbrechen, Individuen stehen im Fokus, und es gibt scheinbar hohe Erfolgsraten. Letzteres ist zumindest der von Presseberichten über (hohe)

---

7   Michael Hayden, ehemaliger Direktor der NSA, in einer Podiumsdiskussion (Matthew Keys Live 2014).

Zahlen getöteter „Militanter" erweckte Eindruck. Wenn aber „Militanter" definiert wird als ‚jedweder Mann im wehrfähigen Alter, den wir töten, egal, ob und was wir sonst über ihn wissen' (Becker und Shanemay 2012; Greenwald 2014), dann werden die Zahlen in einer Vertauschungsmatrix uninterpretierbar.

„Versprechen" ist gut – Nachfragen ist besser

> Big Data verspricht […] ein besseres, weniger diskrimierendes und stärker individualisiertes Profiling.

Dieses wird mit Techno-Optimismus ausgeführt:

> [M]it Big Data versucht [man], auf Einzelne und nicht auf ganze Gruppen abzuzielen. Damit soll der große Nachteil des Profilings überwunden werden, nämlich die Pauschalverdächtigkeit durch Gruppenzugehörigkeit. […] Mit Big Data können wir der Zwangsjacke der Gruppenidentitäten entkommen und sie durch zutreffendere Einzelvorhersagen ersetzen." (Mayer-Schönberger und Cukier 2013b, 200)

Diese Sichtweise suggeriert jedoch, dass (a) das traditionelle Profiling auf Gruppenidentitäten beruhe, die durch einfache Eigenschaften definiert sind (wie z.B. beim Racial Profiling), Eigenschaften, über die darüber hinaus persistente Stereotypen in der Gesellschaft bestehen. Im Gegensatz dazu (b) wähle das Mining von Big Data Individuen aus, und das darüber hinaus korrekt. Diese beiden Annahmen über Data Mining sind jedoch nicht richtig.

(3) Individualisierter? Wie oben dargestellt, identifiziert ein maschinell gelernter Klassifikator eine Konstellation von Eigenschaften, aufgrund derer er eine Zielgröße vorhersagt. Diese mag ‚granularer' sein als die Konstellationen des traditionellen Profiling[8] und die resultierenden Gruppen mögen

---

8   So die Formulierung in der englischen Originalfassung: „With big data we can escape the straitjacket of group identities, and replace them with much

weniger Menschen beinhalten – dennoch konstituieren die (im Beispiel) „schweißhändigen Rote-Pullover-Träger" genauso eine Gruppenidentität wie die „Menschen arabischen Aussehens" oder ähnliche Ziele traditionellen Profilings. Selbst wenn diese neue Gruppe nur eine Person enthalten sollte, so erscheint der Begriff „Individuum" eine irreführende Wortwahl für ‚das Zusammen-treffen einer großen Zahl von Indikatoren in einer Person'.[9]

(4) Weniger diskriminierend? Auch bestehen Zweifel an der Behauptung, dass diese Form des Profilings weniger dis-kriminierend sei. Angwin, Larson, Mattu und Kirchner (2016) berichten über eine von ihnen durchgeführte Untersuchung eines Predictive-Policing-Systems, in dem bei sonst vergleich-baren Eigenschaften Schwarze für unterschiedlichste Delikte eine substantiell höhere Chance hatten, verdächtigt zu werden. Dass Big Data diskriminierende Effekte haben oder gar erst erzeugen können, ist bzgl. so unterschiedlicher Domänen wie Websuche oder mobilen Stadt-Apps gezeigt bzw. argumentiert worden (Sweeney 2013; Crawford 2013). In der informatischen Forschung sind Verfahren des *discrimination-aware* (*fairness-aware, …*) *data mining* entwickelt worden, die dazu beitragen könnten, solche Effekte zu verringern. Sie basieren jedoch darauf, dass die zu schützenden Gruppenattribute bekannt sind (etwa Ethnizität), und beruhen auf einem gegenüber juristischen Konzepten stark vereinfachten (und in manchen Kontexten falschen) Begriff von Diskriminierung bzw. ihrer Vereinfachung (siehe Berendt und Preibusch 2014). Auch können veränderte Lernalgorithmen wenig ausrichten, wenn die Daten, aus denen sie lernen, Ergebnisse früherer diskriminierender Entscheidungen sind. Schließlich kann

more granular predictions for each individual" (Mayer-Schönberger und Cukier 2013a, 161).

9   In der Medizin hat eine analoge Diskussion schon zu einer Verfeinerung der Terminologie geführt. So vermeidet man das Schlagwort „individualisierte/ personalisierte Medizin" und spricht stattdessen etwa von „stratifizierter Pharmakotherapie", wenn über bestimmte Merkmale (Biomarker, Enzyme) Untergruppen von Patienten definiert werden, für die dann an diese Merkmale angepasste Therapieschemata erarbeitet werden (Ditzel 2013).

das datenbasierte Profiling zu der kafkaesken Situation führen, dass neue diskriminierte Gruppen entstehen (etwa die schweißhändigen Rote-Pullover-Träger), die ihrer Diskriminierung kaum gewahr sind, darüber aufgrund proprietärer Algorithmen und (noch?) fehlender rechtsstaatlicher Kontrollinstrumente auch nichts erfahren können und keinen rechtlichen Schutz genießen (da es kein Gesetz speziell für Hände und Pullover gibt). Generell ist es schwierig nachzuprüfen, ob Algorithmen diskriminieren, denn i.d.R. sind sie proprietär und/oder werden aus Gründen der Sicherheit nicht zu unabhängiger Prüfung freigegeben (z.B. Stroud 2014).

(5) Besser? Ob das resultierende Vorhersagemodell ,besser' (genauer/korrekter) ist als ein traditionelles und seine Vorhersagen ,zutreffender' sind, ist eine empirische Frage. Grundsätzlich können alle Vorhersagemodelle falsch positive und falsch negative Ergebnisse haben. Auf keinen Fall kann eine allgemeine Aussage über relative Korrektheit aus der epistemologischen Genese (menschliche Expertise, maschinelles Lernen) eines solchen Modells abgeleitet werden. Speziell im Bereich der ,Terroristenidentifikation' ist argumentiert worden, dass die Überlegenheit maschinell gelernter Modelle noch nicht demonstriert worden sei (z.B. Solove, 2011; Cahall, Bergen, Steman und Schneider 2014).

Unabhängig von der Qualität der Vorhersagen finden allerdings weder die Sammlung von Daten noch die Nutzung von Vorhersagen in einem abstrakten Raum statt. Dieses führt zur Frage, unter welchen Bedingungen diese Handlungen legitim sind.

Daten, Grundrechtseingriffe und Rechtsstaatlichkeit

Das [Profiling] klingt akzeptabel, wenn es nur darum geht, unerwünschtes Verhalten zu verhindern[.]

Das mag für manche Ohren akzeptabel *klingen*, aber was bedeutet eine solche Aussage? Interessanter ist die Frage, ob es akzeptabel *ist* bzw. ob staatliche Organe unter den genannten Umständen unbegrenzt profilen dürfen. Das ist nicht der Fall.

(6) Unerwünscht? Die nonchalante Verwendung des Wortes „unerwünscht" überrascht. Unerwünscht von wem? Wäre es zulässig, jemanden zu profilen, ggf. anzuhalten und/oder festzunehmen, um etwa zu verhindern, dass er Kaugummi kaut (weil das jemand anders nicht wünscht)? Wie oben dargelegt, ist es zulässig, durch präventive Maßnahmen die Begehung von *Straftaten* zu verhindern.

(7) Heiligt der Zweck die Mittel? Aber auch zur Verhinderung von Straftaten ist mitnichten jede Maßnahme „akzeptabel". Die Sammlung von Daten wie auch Maßnahmen zum Profiling und zur Verhinderung von Straftaten greifen i.d.R. in Grundrechte ein (z.B. Privacy, Datenschutz und Bewegungs-/Handlungsfreiheit). Die präventiven Maßnahmen müssen eine Reihe von Bedingungen erfüllen: Sie müssen gesetzlich geregelt sein und verhältnismäßig sein, d.h, ein „legitimes Ziel" haben sowie geeignet, erforderlich und angemessen sein (siehe z.B. Van Alsenoy, Kuczerawy und Ausloos 2013, 70). Die Konsequenzen für die Grundrechte müssen also gegen die verfolgten Ziele abgewogen werden. Auch dürfen sie allein der Verhinderung von Straftaten dienen (also den Aufgabenbereich der Polizei nicht überschreiten).

Anders ausgedrückt: Gefährlich wird es, wie Solove (2011) darlegt, wenn im Interesse der „Sicherheit" rechtsstaatliche Verfahren missachtet werden – und das sind altbekannte Strategien der Macht, die zunächst einmal nichts mit Big Data oder philosophischen Betrachtungen über den freien Willen (à la *Minority Report*) zu tun haben. Gefährlich wird es auch, wenn wir rhetorisch vereinfachen und suggerieren, dass dies „akzeptabel" sein könnte. Darüber hinaus sollten angesichts des großen Einflusses der Technologie die Verfahren weiterentwickelt werden, siehe z.B. den Vorschlag zu *technological due process* von Citron

(2007) oder die Analyse von Ferguson (2015), wie Big Data die Einschätzung einer *reasonable suspicion* verändert.

Fazit

Wenn wir Big Data und deren Folgen bewerten wollen, dann müssen wir achtgeben. Nicht nur hinsichtlich einer Abwägung von ‚Wert' und ‚Risiko', sondern auch hinsichtlich dessen, was genau ein Risiko darstellt. Das Heraufbeschwören von Horrorszenarien bringt uns nicht weiter, wenn wir gleichzeitig simplizistische ‚Lösungen' komplexer gesellschaftlicher Probleme bejahen und Heilserwartungen an die Objektivität und Korrektheit von Statistik und Computern richten. Kritisieren und verbessern müssen wir vielmehr auch diese, und hierzu sind die Detailkenntnisse und der Dialog vieler Disziplinen, insbesondere, aber nicht ausschließlich, der Informatik, Rechtswissenschaft, Psychologie, Soziologie und Politik vonnöten. Nur so haben wir die Chance, Profiling, Predictive Policing und andere Big-Data-Anwendungen im Sinne einer freiheitlich-demokratischen Rechtsordnung zu entwickeln und einzusetzen.

Danksagung. Ich danke Geoffrey Rockwell und Rob Kitchin für Kommentare zu einer früheren Version dieses Textes, Fanny Coudert für Diskussionen und Literaturempfehlungen sowie Ariane Loof und Patrick Berendt für argumentativen und Text-Input insbesondere zum Abschnitt „Von argumentativen Strohmännern und Panikmache".

Literatur

ACLU. 2005. „Racial Profiling: Definition". https://www.aclu.org/racial-justice/racial-profiling-definition. Letzter Zugriff am 05. Juli 2016.

Angwin, Julia, Jeff Larson, Surya Mattu und Lauren Kirchner. 2016. „Machine Bias: There's Software Used Across the Country to Predict Future Criminals. And it's Biased Against Blacks." *ProPublica*. https://www.propublica.org/article/machine-bias-risk-assessments-in-criminal-sentencing. Letzter Zugriff am 05. Juli 2016.

Becker, Jo und Scott Shanemay. 2012. „Secret ‚Kill List' Proves a Test of Obama's Principles and Will." *The New York Times*, 29. Mai. http://www.nytimes.com/2012/05/29/world/obamas-leadership-in-war-on-al-qaeda.html?pagewanted=1&_r=2&. Letzter Zugriff am 05. Juli 2016.

144   Berendt, Bettina. 2015. „Big Capta, Bad Science? On Two Recent Books on ‚Big Data'
and Its Revolutionary Potential". 5. März. https://people.cs.kuleuven.be/~-
bettina.berendt/Reviews/BigData.pdf. Letzter Zugriff am 05. Juli 2016.

Berendt, Bettina und Sören Preibusch. 2014. „Better Decision Support Through
Exploratory Discrimination-aware Data Mining: Foundations and Empirical
Evidence". *Artificial Intelligence and Law* 22 (2): 175–209.

Cahall, Bailey, Peter Bergen, David Sterman und Emily Schneider. 2014. *Do NSA's
Bulk Surveillance Programs Stop Terrorists?* New America Foundation. http://www.
newamerica.net/sites/newamerica.net/files/policydocs/Bergen_NAF_NSA%20
Surveillance_1_0_0.pdf. Letzter Zugriff am 05. Juli 2016.

Citron, Danielle Keats. 2007. „Technological Due Process". *Washington University Law
Review*, 85: 1249–1313. Verfügbar auf SSRN: http://ssrn.com/abstract=1012360.
Letzter Zugriff am 12. Januar 2017.

Coudert, Fanny. 2015. „‚Precrime Police' Is Not for 2054, It's for Now: How to
Regulate ‚Data Intensive Policing'?". *Amsterdam Privacy Conference*, Amsterdam,
23–26 October 2015.

Crawford, Kate. 2013. *Strata 2013: Kate Crawford, Algorithmic Illusions: Hidden Biases
of Big Data*. https://www.youtube.com/watch?v=irP5RCdpilc. Letzter Zugriff am
05. Juli 2016.

Ditzel, Peter. 2013. „Stratifizierte Pharmakotherapie – was heute schon möglich
ist". *Deutsche Apotheker-Zeitung* 21. https://www.deutsche-apotheker-zeitung.
de/daz-az/2013/daz-21-2013/stratifizierte-pharmakotherapie-was-heute-schon-
moeglich-ist. Letzter Zugriff am 05. Juli 2016.

The Economist. 2014. „Parole and Technology: Prison Breakthrough". *The Economist*,
April 19. http://www.economist.com/news/united-states/21601009-big-data-can-
help-states-decide-whom-release-prison-prison-breakthrough. Letzter Zugriff
am 05. Juli 2016.

Ferguson, Andrew Guthrie. 2015. „Big Data and Predictive Reasonable Suspicion".
University of Pennsylvania Law Review 1632: 327–410.

Ferguson, Andrew Guthrie. 2016. „Policing Predictive Policing". *Washington University
Law Review* 94, Forthcoming. http://ssrn.com/abstract=2765525. Letzter Zugriff
am 05. Juli 2016.

Greenwald, Glen. 2014. „On Media Outlets That Continue to Describe Unknown
Drone Victims as ‚Militants'". *The Intercept*, November 18, 2014. https://firstlook.
org/theintercept/2014/11/18/media-outlets-continue-describe-unknown-drone-
victims-militants. Letzter Zugriff am 05. Juli 2016.

Kitchin, Rob. 2014. *The Data Revolution: Big Data, Open Data, Data Infrastructures &
Their Consequences*. London: Sage.

Matthew Keys Live. 2014. *Former NSA boss: „We Kill People Based on Metadata"*.
https://www.youtube.com/watch?v=UdQizoVavmc. Letzter Zugriff am 05. Juli
2016.

Mayer-Schönberger, Viktor und Kenneth Cukier. 2013a. *Big Data: A Revolution That
Will Transform How We Live, Work and Think*. London: John Murray (Publishers).

Mayer-Schönberger, Viktor und Kenneth Cukier. 2013b. *Big Data: Die Revolution, die
unser Leben verändern wird*. München: Redline Verlag.

Pilpul, Martin. 2016. „Anekdoten aus der berechneten Zukunft". http://blog.pilpul. **145**
me/tag/predictive-policing/. Letzter Zugriff am 05. Juli 2016.

Solove, Daniel. 2011. *Nothing to Hide: The False Trade-off between Privacy and Security*.
Yale, CT: Yale University Press.

Spielberg, Steven. Regie. 2002. *Minority Report*. USA.

Stroud, Matt. 2014. „The Minority Report: Chicago's New Police Computer Predicts
Crimes, But Is It Racist?" *The Verge*, February 19, 2014. http://www.theverge.
com/2014/2/19/5419854/the-minority-report-this-computer-predicts-crime-but-
is-it-racist. Letzter Zugriff am 05. Juli 2016.

Sweeney, Latanya. 2013. „Discrimination in Online Ad Delivery". *ACM Queue* 11 (3).
http://queue.acm.org/detail.cfm?id=2460278. Letzter Zugriff am 05. Juli 2016.

Uchida, Craig. D. 2009. *A National Discussion on Predictive Policing: Defining Our
Terms and Mapping Successful Implementation Strategies*. Rockville, MD: National
Institute of Justice. NCJ 230404. https://www.ncjrs.gov/App/Publications/abs-
tract.aspx?ID=252437. Letzter Zugriff am 05. Juli 2016.

Van Alsenoy, Brendan, Aleksandra Kuczerawy und Jef Ausloos. 2013. „Search
Engines after ‚Google Spain': Internet@Liberty or Privacy@Peril?" *TPRC 41: The
41st Research Conference on Communication, Information and Internet Policy*. Verfügbar auf SSRN: http://ssrn.com/abstract=2321494. Letzter Zugriff am 05. Juli
2016.

Witten, Ian. H., Eibe Frank und Mark A. Hall. 2011. *Data Mining: Practical Machine
Learning Tools and Techniques*. 3. Auflage. Burlington, MA: Morgan Kaufmann.

AutorInnen

Bettina Berendt ist Professorin in der Gruppe „Künstliche Intelligenz / Maschinelles Lernen und Data Mining" am Fachbereich Informatik der KU Leuven. Ihre Forschungsschwerpunkte umfassen Web- und Textmining und die Interaktionen zwischen Mining, Privacy, Datenschutz, und (Nicht-)Diskriminierung. Das Ziel ist eine interdisziplinäre „critical data science".

Andreas Bernard ist Professor für Kulturwissenschaften am Centre for Digital Cultures der Leuphana Universität Lüneburg. 2014 erschien *Kinder machen: Neue Reproduktionstechnologien und die Ordnung der Famile*, 2017 erscheint *Selbstdesign: Menschenbilder der digitalen Kultur.*

Martin Degeling ist post-doctoral fellow am Institut für Software Research, Caregie Mellon Universität. Seine Dissertation *Online Profiling: Analyse und Intervention zum Schutz von Privatheit* erschien 2016.

Katja Grashöfer ist wissenschaftliche Mitarbeiterin an der Ruhr-Universität Bochum. In ihrer Forschung befasst sie sich mit digitalen Wissenskulturen (insbesondere der Online-Enzyklopädie Wikipedia) sowie Social Media Phänomenen. Außerdem arbeitet sie zu Fragen digitaler Medienbildung und ist in der Lehrerfortbildung tätig.

Irina Kaldrack verwaltet die Professur „Wissenskulturen im digitalen Zeitalter" an der Hochschule für Bildende Künste Braunschweig. Ihre Forschungsschwerpunkte umfassen Theorie und Geschichte digitaler Medienkulturen, Medien- und Wissensgeschichte menschlicher Körperbewegung sowie Kultur- und Mediengeschichte der Mathematik.

Nikolaus Lehner ist Doktorand der Soziologie und externer Lektor am Institut für Soziologie der Universität Wien. Seine gegenwärtigen Forschungsschwerpunkte liegen im Bereich der Medien- und Kultursoziologie.

148 **Julius Othmer** ist Referent für Medien in Lehre und Studium und leitet den Bereich Medienbildung an der TU Braunschweig. Seine Forschungsschwerpunkte umfassen neben Game Studies und Dispositivtheorie vor allem theoretische sowie anwendungsbezogene Medienbildungsforschung.

Martin Schmitt forscht und lehrt am Zentrum für Zeithistorische Forschung in Potsdam zur Geschichte des Digitalen Zeitalters. Er ist Teil des Forschungsprojektes „Computerisierung und soziale Ordnungen in der Bundesrepublik und DDR". 2016 erschien seine Monographie *Internet im Kalten Krieg* bei Transcript. Für das Buch erhielt er den Nachwuchsförderpreis der DGPuK.

Fabian Pittroff forscht an der Universität Kassel am Fachgebiet Soziologische Theorie zu Kontroversen um die Zukunft der Privatheit. In seiner Dissertation beschäftigt er sich mit Selbsttechnologien und Postprivacy.

Andreas Weich ist wissenschaftlicher Mitarbeiter in der Projektgruppe Lehre und Medienbildung an der TU Braunschweig. Forschungsschwerpunkte sind vor allem medienwissenschaftliche Diskurs- und Dispositivtheorie sowie Medienbildungsforschung. 2017 erschien seine Promotionsschrift *Selbstverdatungsmaschinen: Zur Genealogie und Medialität des Profilierungsdispositivs*.

Bianca Westermann ist postdoc-Stipendiatin der Fakultät für Philologie an der Ruhr-Universität Bochum. Ihr aktueller Forschungsschwerpunkt liegt auf sozialen Robotern, Cyborgs und mobilen Medien. Des Weiteren arbeitet sie zur medialen Konstruktion postmoderner Identität in digitalen Medien.

Dank

Wir danken allen Autorinnen und Autoren für ihr Engagement und ihre Beiträge. Ebenso gebührt unser Dank den Mitgliedern des Editorial Boards der *Digital Cultures*-Reihe. Besonders hervorheben möchten wir Irina Kaldrack, ohne deren Unterstützung der vorliegende Band nicht möglich gewesen wäre. Auch Armin Beverungen, der die Koordination mit dem Verlag übernommen hat, gilt unser besonderer Dank. Des Weiteren möchten wir uns bei Julia Choutka, Inga Luchs und Vincent Schmitt-Rieger für die sorgfältige Durchsicht des Skripts bedanken.

Martin Degeling, Julius Othmer, Andreas Weich
und Bianca Westermann